谨以此书献给
Dedicated to

古希腊和古罗马文明的拥趸
Devotees of Greco-Roman Civilization

以色列-约旦行

在《圣经》故乡探寻古希腊罗马

林炎平 著

A JOURNEY to ISRAEL and JORDAN

IN SEARCH OF ANCIENT GREECE AND ROME IN THE HOLY LAND

壹嘉出版

序

地中海地区，是人类进入文明最早的地方，滥觞于"新月沃土"[1]的两河文明和埃及文明是其中的代表；古希腊文明是现代文明的直接先驱，是文艺复兴的意义所在；古罗马文明影响了整个欧洲和世界，而且直接就是美国建国的蓝图。

我曾经拜访过地中海西岸、东岸和北岸的一些地区，包括希腊本土、意大利、西班牙、法国和古希腊的爱奥尼亚地区（今土耳其境内），也造访了地中海中的克里特岛，甚至涉足了黑海北岸的克里米亚半岛的古希腊遗址，但是尚未到过地中海南岸的北非或更东边的近东和中东地区。这次以色列和约旦之行将填补其中的一个空白。

以色列-约旦地区位于两河文明和埃及文明地理上的结合部。更重要的是，以色列地区是一系列和亚伯拉罕教（犹太教、基督教和伊斯兰教）有关事件的发生地。

---

[1] 新月沃土（Fertile Crescent）：是地中海东岸和中东的一个新月形地区，横跨现代的伊拉克、叙利亚、黎巴嫩、巴勒斯坦、以色列、约旦和埃及北部，还有塞浦路斯、土耳其东南部和伊朗的西部地区。

正是由于以上理由，我们策划了这次旅行。我们哈尔滨工业大学本科毕业的同班同学八人，计划在2020年2月4日－16日游览以色列和约旦。但是，由于新冠病毒（Covid－19）疫情，最后成行的只有两位。

这是一次文化之旅和地理之旅，也是《圣经》之旅；对我来说，更是探寻古希腊、古罗马文明之旅。

我把旅行的见闻尽可能详尽地记录和还原出来，以便让未能成行的六人身临其境。虽未能如愿以偿同时成行，但让我们在虚拟空间共同做一次旅行。

我想，一般读者也会很有兴趣。无论你是否有宗教信仰，地中海文明遥远的波澜壮阔，一定会在你今天的心里激起涟漪。我在文中不仅仅记录了旅行所见所闻的人文自然景观，而且尽可能地回顾历史背景以及进行讨论分析，试图增加视野和思考的广度和深度。在空间上，扩展到整个地中海地区甚至欧亚大陆；在时间上，延伸到更久远的过去和此后的文艺复兴时代甚至当代。

这是旅游纪实和景观欣赏，也是历史回顾和思考分析。

旅游总有终结，分析从未停止，思考永无止境。

现在，让我们出发，去以色列和约旦。

摘要/Abstract

　　本书根据作者2020年2月4日至16日在以色列和约旦的旅行日记写成。作者不仅忠实地记录了他在每个景点的所见，还对这一地区的历史和文明进行了分析和思考。

　　可以说，这是一部另类的《圣经之旅》。尽管作者不是朝圣者，但却把这次旅行当作朝圣，不是为了宗教，而是为了古希腊罗马文明。这是一次在圣经之地观光的旅程，但同时关注我们文明的历程。

　　这是一次实地观光旅游，也是一次从希腊化时代到罗马帝国，再到文艺复兴和启蒙运动，进而到现代的虚拟思想旅程。

　　何以这块相对于周边地区落后得多的地方对人类历史和文明产生如此重大的影响？这是作者几十年前的疑问，当时他还是一名理工大学生，但对人类文明充满了好奇，直至如今。

　　它确实是一片圣地，是所有三种亚伯拉罕宗教（犹太教、基督教和伊斯兰教）的发源地。但就人类文明而言，其重要性显然被夸大了，因为周边地区的其他文明贡献更大，例如两河流域和古埃及，以及古希腊和古罗马。

　　正如书名所隐含的，这段旅程更关注希腊和罗马。此游记之所以另类，皆因更多是哲学和历史的思考，而非仅仅观光。作者讨论了如下：

　　1) 官本主义、神本主义和人本主义社会之间的对比。

2）西方文明和东方文明之间的差异。

3）基督教的现代人文价值源于古希腊。

4）雅典与耶路撒冷的迥异。

作者努力平衡观光和讨论的篇幅，毕竟本书是一部游记。

This book is based on the author's travel journal in the Holy Land from Feb. 4th to 16th, 2020. The author not only faithfully documents what he experienced at each place he visited, but also analyzes and reflects on the history and civilization of this area.

It was arguably an alternative Bible Tour. Although not a pilgrim, the author treated the trip as a pilgrimage, not for the sake of religion, but for that of Greco-Roman civilization. It is a sightseeing trip through the Holy Land, and with a parallel focus on the journey of our civilization.

It was a physical tour around Israel and Jordan, but a virtual one from the Hellenistic Era to the Roman Empire, through the Renaissance and the Enlightenment and on to Modernity.

How was it that a land relatively much less advanced than its surroundings made such a significant impact on human history and civilization? This has been the author's question since decades ago when he was a university student in engineering, curious enough to reflect on the progress of human civilization up to present.

The area visited is indeed a holy land, the birthplace of all three Abrahamic religions (Judaism, Christianity, and Islam). But its significance in terms of human civilization has clearly been exaggerated, since other civilizations in the surrounding regions such as Mesopotamia and Egypt, as well as Greece and Rome, contributed much more.

As the title implies, this journey focused more on Greece and Rome. What makes this travelogue unique is that it is more philosophical and historical reflection than mere sightseeing. The author discusses the following:

1) The contrast between societies that are ruler-centered, deity-centered and human centered;

2) The differences between Western and Eastern civilizations;

3) The modern humanistic values of Christianity as derived from ancient Greece;

4) The fundamental differences between Athens and Jerusalem.

The author has tried to balance the space given to sightseeing with that to discussion; after all, the book is a travelogue.

目 录

序   I

摘要/Abstract   III

1 巴黎-特拉维夫   001

    1.1 巴黎   005
    1.2 特拉维夫   005
    1.3 古城雅法   007
    1.4 想起了亚历山大和凯撒   012

2 特拉维夫-凯撒利亚-海法   016

    2.1 凯撒利亚和古罗马   019
    2.2 海法   032

3 海法-阿卡-米吉多-拿撒勒-提比利亚   035

    3.1 阿卡古城   037
    3.2 提尔城和亚历山大   041
    3.3 米吉多   045
    3.4 拿撒勒   047
    3.5 提比利亚   049

4 提比利亚-加利利海-约旦河-戈兰高地-提比利亚   052

    4.1 提比利亚的清晨   053

4.2	五饼二鱼堂和彼得就职堂	058
4.3	约旦河	060
4.4	戈兰高地	061
4.5	天国八福	071
4.6	在迦拿想起了文艺复兴和古希腊	074

5 提比利亚 - 死海 - 迪莫纳　　079

5.1	提比利亚	079
5.2	耶利哥和出埃及	082
5.3	死海	090
5.4	死海度假村	091
5.5	死海正在重复咸海的悲剧？	094
5.6	沙漠小城迪莫纳	096

6 迪莫纳 - 马萨达 - 耶路撒冷　　099

6.1	无法成行的希伯伦	100
6.2	马萨达	102
6.3	从死海到耶路撒冷	118

7 耶路撒冷 - 瓦迪伦　　122

7.1	亚历山大大帝和希腊化时期	124
7.2	约旦的沙漠	130
7.3	一战和阿拉伯的劳伦斯	135
7.2	瓦迪伦 - 沙漠之夜	138

8 瓦迪伦 - 佩特拉　　140

8.1	波斯、以色列和古希腊	141
8.2	佩特拉	149
8.3	古罗马和汉帝国	170

9 佩特拉－安曼－马达巴－尼波山－耶路撒冷　174

　9.1　安曼古罗马剧场和遐想　178
　9.2　古希腊剧场和中国戏台的迥异　179
　9.3　安曼城堡和博物馆　186
　9.4　马达巴和拜占庭及倭马亚　191
　9.5　尼波山和摩西　194
　9.6　约以边境的艾伦比桥海关　194

10 耶路撒冷　198

　10.1　耶路撒冷综合症　200
　10.2　罗马的耶路撒冷　205
　10.3　耶路撒冷的西墙　208
　10.4　耶路撒冷老城的城墙　211
　10.5　圣墓教堂　214
　10.6　以色列国家博物馆　216
　10.7　希伯来的胡编乱造　218
　10.8　古希腊超越了胡编乱造　225

11 耶路撒冷－伯利恒－耶路撒冷　228

　11.1　漫游在去伯利恒的路上　228
　11.2　奶石窟教堂　232
　11.3　圣诞教堂　235
　11.4　牧羊场礼拜堂　242
　11.5　巴勒斯坦区里的犹太聚居点　245
　11.6　耶路撒冷的夜色和康德　247

12 耶路撒冷－特拉维夫机场－巴黎　251

　12.1　再见，耶路撒冷　251
　12.2　历史和思考　254

12.3 雅典 vs 耶路撒冷　　　　　　　　　　261
12.4 一神教极简史　　　　　　　　　　　279
12.5 人本主义、神本主义和官本主义　　　281
12.6 多神教 vs 一神教　　　　　　　　　 282
12.7 宗教 vs 理性　　　　　　　　　　　 284
12.8 尾声　　　　　　　　　　　　　　　287

后记和致谢　　　　　　　　　　　　　**290**

1

巴黎-特拉维夫

旅行时间：2020-02-05 星期三

精心策划的2020年2月初的以色列和约旦旅行计划，由于疫情[1]而大大改变了，八人中在中国的六人无法出行，只剩下我和柳L这两个住在加拿大的，还勉强可以成行。

去，还是不去？柳L很坚决，去！我当然支持。他住在温哥华，我住在蒙特利尔，我们约好飞到法国巴黎汇合，然后一起出发去以色列特拉维夫。后面的行程早已设计好，就不改变了。

大学时代，柳L和我上下铺，他下铺我上铺，近在咫尺。如今他在温哥华我在蒙特利尔，远在天涯——三个小时的时差，五个小时的飞行距离，这和上大学时的距离比起来实在是太大了。

哈工大的几年本科，让我受益匪浅。而我们班级的宿舍一定是全校最有意思的，我想很多同学都会如此认为。我们宿舍的辩论，可谓海阔天空、唇枪舌剑，也常常导致热血沸腾、气急败坏，这些多半直接和柳L有关。

柳 L 有一种特殊的才能，可以在风平浪静的认知湖面上，不时刮起质疑风暴，让本来的和谐平静，突然之间变得风起云涌。他喜欢与众不同，更无惧成为众矢之的。在别人愤怒抓狂和义愤填膺之间，他心满意足，然后一副无辜无害的模样。

我当时是班长，因此成为柳L的主要攻击目标和辩论对手。柳L

---

[1] 指2019年底开始的新冠病毒（Covid‑19）疫情。

每天从下铺冒出来，给出一个又一个企图令我和宿舍另外八个真理追求者抓狂的命题，导致一次又一次激烈的辩论。不幸的是，我经常赞同柳L的观点，因此他总是要别出心裁提出一些我不能同意的观点。我不能肯定别人如何，对我来说，因为和从不退却也不生气的柳L辩论，后来我面对任何对手都觉得不在话下。而且，我养成了自己绝不生气，让对方去生气的伟大气度。被我气得吐血的不在少数，柳L功不可没。

我们白天教室学理工，傍晚宿舍谈人文。而理工和人文的互相影响，自然不可或缺，这也培养了我对理工和人文的同时重视。这也是为什么我们这么多年后，还会有激情一起旅游，一起欣赏风景，一起凭吊废墟，一起激辩历史，一起批判现状。

我经常想起乔治·巴顿[1]的名言"You don't win a war by dying for your country. You do it by making the SOB on the other side die for his country."（你不可能靠为国捐躯而赢得战争，你想赢，就得让你对面的那个狗娘养的为他的国家捐躯。）所以，如果你想辩论受益，就不要生气；如果必须要有人生气，就让对方去生气。后来，我明白了源于古希腊的对话原则，更加理解应该如何讨论问题。

我对古希腊的好奇和理解，始于在哈尔滨的大学年代，而对于古希腊、古罗马和地中海文明的进一步深入思考，则是在1980年代后期抵达加拿大后。所以有理由说，这次旅行的最初的空间和时间的起点是哈尔滨的大学时代。

---

[1] 乔治·巴顿（George Smith Patton, Jr. 1885－1945），美国陆军四星上将，以在第二次世界大战欧洲和北非战场先后指挥美国陆军第7集团军和第3集团军而闻名。

本科毕业后，我再没有碰到过像柳L这样强劲的辩论对手。为了怀念那逐渐远去却难以忘怀的大学本科时代，我曾经给柳L写了一副对联：

出山海，别太行，浮沉昨日，求学他乡铺上下；
渡香江，走北美，纵横今朝，浪迹天下岸东西。

我总觉得这副对联贴切地表达了我俩友谊的历史和现状。果不其然，现在，我们居然一起向以色列进军。

对我来说，去以色列和约旦诚然重要，但是更加重要的是希望进一步了解地中海文明，尤其是古希腊和古罗马。现代文明的基因是那时由她们形成的。

在中国，有的大学里甚至有一个系叫做"两希文明"，意指希腊和希伯来。这其实是两个截然不同的文明，只不过是通过基督教被联系在了一起，以至于从遥远东方的距离和角度看起来，它们似乎在同一个位置和方向。

我已经去过希腊许多次，包括古希腊时代的爱奥尼亚地区（今土耳其境内），甚至黑海北岸（今乌克兰、但俄罗斯实控的克里米亚）；而以色列，却从未涉足。

以色列很长时间都处于文明核心地区的边缘和结合部，被别的伟大文明所裹挟、冲击、征服和踩躏。其最初夹在两河文明和埃及文明之间，然后处于波斯文明的边缘，然后进入希腊化时代，然后在古罗马的统治之下，然后被阿拉伯统治，然后是十字军东征的目的地，然后被奥斯曼帝国统治，直到近代英法的统治，然后独立成为以色列国，跌宕起伏，从未安宁。

何以这样一个从来不是文明中心的地方成为了三大宗教的圣地？而约旦，则犹如以色列同父异母但本分得多的兄弟。它们终于反目成仇，一言难尽。

从历史和人文的角度，这次旅行是很有意义的；而地理和风光，则独一无二，仅仅是死海就值得一去。

1.1 巴黎

巴黎本来不在旅游路线中，却是方便起见的必经之地；我在巴黎有落脚点，我们去了直接入驻，连宾馆都省去了。我早到一个星期，处理了一些工作上的事情，准备了旅行的一些细节。

柳L 2月2日抵达。休整了一天，顺便走马观花地去了几个最著名的景点。冬日的巴黎，虽无别的季节的繁花似锦，但依旧游人如织。如果说文艺复兴以来的近代是一部伟大的交响曲，那么意大利是第一乐章，英国是第二乐章，法国是第三乐章，而美国是第四乐章。法国可谓波涛汹涌、泥沙俱下，大革命的理想和荒唐，令人至今争论纷纭。大革命高举"自由平等博爱"的旗帜，最终事与愿违，然后拿破仑称帝让贝多芬不屑再对他赞颂。但是凯旋门依旧提醒着今人关于拿破仑的历史成就，而艾菲尔铁塔则俨然大革命的百年纪念碑。

由于这些伟大的建筑，使得往事难以烟消云散。也正是更久远的伟大建筑和废墟，使得我们今天仍有凭吊前人的去处。当然，还有那些看似不那么壮观的考古证据，记录着前辈芸芸众生们的过往事迹。而我们要去的地方，正是遍布历史痕迹之处。

2020年2月4日23:25的飞机，我们从法国巴黎的戴高乐机场（CDG）直飞以色列特拉维夫的古里安机场（TLV）。

抵达TLV的时间是2月5日早晨四点多。

1.2 特拉维夫

特拉维夫机场整洁、现代，唯有抵达大厅里的几根柱子（图1、图2），让人联想起久远的地中海文明建筑中普遍使用的廊柱，从而

图1 特拉维夫机场 抵达大厅

图2 特拉维夫机场 大厅走廊

想起地中海文明。

过海关时,我们有点紧张,因为在旅途的飞机上,一位犹太人给了我们一个警告,他说,你们到了以色列可能会被盘问很久,理由就是Covid-19(新冠病毒)疫情已经让全世界,包括以色列,很紧张了。我们当时还担心是否有可能"哪来哪去",直接给送回巴黎了。但是,实际上海关很友好,一位女士问我们,是否在14天内到过中国,我们如实告知"否",然后就顺利过关了。

过关后,我们直奔租车公司。我们最初在网上订了一辆八人的小巴,但是由于现在只有俩人了,就希望换成一辆小车;租车公司没有为难我们。我们就挑了一辆看起来顺眼的小车,我从来没有见过这个品牌的小车,是西班牙产的,还很好看。

特拉维夫的市中心距离机场有几十公里,开车很快就到了。

驻地是我们在网上Airbnb预订的,就在地中海边上,窗口看出去就是地中海。Hilton酒店就在街对过。我们住处预订不像租车预订,无法由于人员减少而修改。驻地确实不小,即便是八个人都来,宽敞和舒适程度仍然比酒店强多了。

1.3 古城雅法

到了驻地,放下行李,马不停蹄,驱车前往古城雅法(Old Jaffa)。雅法古迹距离我们的住处只有五公里,车程很短,但是停车很难。

在特拉维夫的街上停车,与其说是一个非常严重的问题,还不如说是一个非常困难的技术活。街两侧到处都停满了车,比纽约、巴黎有过之而无不及。有几处我都不知道这车别人是怎么停进去的

图3 特拉维夫街头的神奇泊车

（图3）。百思不得其解，导致我想起了以色列人在摩西带领下过红海的传说，那是《圣经》上记录的。我加拿大的犹太朋友把这故事说得和真的一样："摩西面对红海指着对岸，念念有词，上帝就听见了，于是红海就隔成两边，中间是一条大道。就这样，以色列人渡过了红海。后面埃及法老的追兵赶到时，红海又合为一体，追兵一部分被水淹了，另一部分眼睁睁看着以色列人跑了。"

我估计今天的犹太人也有办法把街头的车挤出和自己的车一样宽的空隙，然后停进去？当你看了这张照片后，你能告诉我这是怎么停进去的吗？今天的特拉维夫街头，如果想停车，估计也要借助"摩西过红海"的奇迹。

传说归传说，即便《圣经》上的传说，也还是传说。我们模仿摩西也无济于事，最后付款才解决了问题。估计后世的犹太人也悟出了这个道理，大多挣钱发财去了。

显然，我是不相信这些圣经故事的。但是，我对基督教有好感，原因不是由于《圣经》上的故事和阐述，而是由于奥古斯丁[1]引进的柏拉图和阿奎那[2]引进的亚里士多德。如果没有这些古希腊的理性，那么基督教不可能有后来这些伟大的成就，也不会是今天这个优雅的样子。

理性和宗教，或曰"雅典和耶路撒冷"，是一个永恒的话题。对我来说，是耶路撒冷摧毁了雅典，而雅典拯救了耶路撒冷。正是雅典的伟大，才有基督教的今天，才有现代文明。正因为如此，我曾

---

[1] 奥古斯丁（Augustine of Hippo，354-430），早期天主教的神学家、哲学家，曾任大公教会在阿尔及利亚城市安纳巴的前身希波（Hippo Regius）的主教，其基督教神学体系构建过程深受柏拉图主义及其以后的新柏拉图主义的影响。奥古斯丁使两种分属不同时段的历史思想之间实现了嫁接与融合，从而推动了中世纪早期基督教神学向着理性哲学方向的发展。

[2] 托马斯·阿奎纳（Thomas Aquinas，1225-1274），中世纪经院哲学的集大成者。他把亚里士多德的理性引入神学。他所建立的系统的、完整的神学体系对基督教神学的发展具有重要的影响，他本人被誉为"神学界之王"。

经为了唱巴赫[1]和海顿[2]而热情地参加了渥太华大学的合唱团。巴赫的合唱曲优美的旋律与和声，诠释着基督教从野蛮走向文明的理由和经历，一如人类的文明历程，也驱动着我深入理解古希腊文明，以及一再造访地中海文明遗址。

毋庸讳言，我到以色列来，是为了在《圣经》的故乡寻找古希腊文明泽被的痕迹。当然还有古罗马。

古雅法是一个古城遗址，也是我们在特拉维夫造访的唯一主要景点。反正我们的宗旨就是看古迹，看看以色列这个古老的国家，到底有什么底蕴。现代的东西，我觉得没有必要在以色列看，就比如你进了古董店，去看今天的报纸就没有意思了。

沿着古迹走的另一个好处是，你永远可以看到最美好的自然景色。原因很简单，古代人总是在最好的地方安家落户。当然，也有安家后把好地方折腾成不毛之地的例子。美索不达米亚也许就是其中之一[3]，但是幼发拉底和底格里斯河依旧流淌不息，似乎告诉人们，这事情不能全怪苏美尔等人。我们希望有一天能够造访那里。

在 Old Jaffa，还有一个基督教教堂（图4）。基督教教堂在以色列不少，多是古迹，而不是平时使用的。毕竟，那是犹太人的国度，还有不少穆斯林，而基督徒就是极少数了。只是，旅游的人大部分是基督教背景的，他们来以色列很大一部分理由是寻找他们信仰的源头。

路过所谓的Wishing Bridge，据说在此的许愿都能成真。尽管不可信，好像我们当时都许愿了，至于许的是什么，我现在已经忘记了。看来我没有把这当回事，怎么可以把许的愿都给忘记了呢？

---

[1] 巴赫（Johann Sebastian Bach，1685–1750），德国巴洛克时期的作曲家及管风琴、大键琴、小提琴演奏家，也是巴洛克音乐的集大成者。巴赫被认为是音乐史上最伟大、最重要的作曲家之一。

[2] 海顿（Franz Joseph Haydn，1732–1809），奥地利作曲家，继巴赫之后又一位伟大的器乐作曲家，是古典主义音乐的杰出代表，被誉称为"交响曲之父"、"弦乐四重奏之父"。

[3] 今天的美索不达米亚（Mesopotamia），土地贫瘠，完全不是当年的"沃土"。人类的开垦和种植也许加速了土地的盐碱化。

图4 Old Jaffa里的St. Peter's（圣彼得）教堂

图5 Old Jaffa,背景是特拉维夫市中心

图6 Old Jaffa,背景是特拉维夫市中心

这两张照片（图5、图6）的背景是特拉维夫市中心的景色。我们的驻地也在那边。近距离在以色列一侧欣赏地中海，还是第一次。

当我们返回到驻地附近时，已经接近傍晚。我们驻地门口有一个公园，就在地中海边，景色很不错。看到几对情侣在休闲缠绵，觉得这确实是谈情说爱搞对象的好地方。有人说，杭州的对象99%是在西湖边搞成的，此话很可能不假。如果有人告诉我，以色列的对象99%都是在地中海边上搞成的，我肯定信。毕竟这是一个蕞尔小国，最远的角落距离地中海也没有多远。但这样一个蕞尔小国今天取得的成就，令人刮目相看。

我也有点怀疑别人是否会把柳L和我当作是一对基友[1]，毕竟，在西方这样的两个男人并肩行走、一同出游，肯定会被假定是基友的。再加上我们俩身材都相当不错，完全符合基友的标准。这也没啥，好在西方是不会因为你个人的事情来非议你的。如果在伊斯兰国家，这个问题可能会比较严重，甚至招来敌意，都完全可能。

1.4 想起了亚历山大和凯撒

傍晚时分，从住处的窗口看出去，地中海被落日的余晖染成了和白天完全不同的色彩，和岸边人造的灯光交相辉映，更多了一层神秘感，令人遐想。这个角度，海的那一边应该正好是埃及的尼罗河三角洲和亚历山大城（Alexandria）的方向（图7）。那绝对是应该去拜访的地方。亚历山大大帝（Alexander the Great, 356－323 BC）就是经过这里去的那里，征途漫漫、跌宕起伏、可歌可泣。这里（以色列），仅仅是他的途经之地；那里（亚历山大城），也仅仅是他伟大远征的一个驿站而已。

我在想，如果我现在步行去亚历山大城会怎么走。估计须按图中（图8）步行路线绕道埃拉特（Eilat），因为现在那里才有可供旅

---

[1] 基友，本义为男同性恋者，在网络上通常指关系亲密的男性朋友。男同性恋的英文单词为"gay"，和粤语的"基"几乎同音。

图7 驻地窗外夜景，地中海和公园

图8 远处的亚历山大城，图中步行路线绕道Eilat，因为现在那里才有可供旅游者通行的海关。当年亚历山大的大军没有绕道，而是直接走的地中海边

游者通行的海关。当年亚历山大的大军没有绕道,而是直接走地中海边。我在2300多年后的今天,看着这里想着那里,大有吃着碗里的想着锅里的贪婪,令人振奋,而且没有吃肉砸锅的嫌疑。

不过,一对比亚历山大大帝的伟业,就令人沮丧。因此,我理解凯撒(Caesar the Great,100–44 BC)在亚历山大大帝的雕像前哭泣的理由。那是公元前68年,在西班牙,凯撒32岁,在那里当一个不大的官,远未显赫。有一天,凯撒在亚历山大雕像前突然泣不

图9 驻地室内,我占据的办公桌

图10 驻地室内,柳L占据的沙发

图11 驻地室内,空空如也的餐桌

图12 驻地室内,荒无人烟的厨房

成声。问之，答曰："亚历山大大帝在我这个年龄，已经征服了世界，而我却乏善可陈。"也许正是因此，凯撒后来成了凯撒大帝。

这个场景，如果给了一个鲁镇的阿Q，那绝对不是泣不成声，而是兴高采烈，因为，阿Q一定这样幸灾乐祸，"哈，亚历山大在我这个年纪，已经归西了。而我，还活着！"

是的，就看你如何看问题了。亚历山大大帝在远征归途中，过世于巴比伦城，那时他还没有过33岁的生日。短短的不到33年的人生，却完成了迄今为止无人企及的伟大征战。这是壮举也是悲剧。我们不能想象，如果亚历山大如他导师亚里士多德（Aristotle，384－322 BC）那样的寿命，即多活30年，这个世界会如何。亚历山大过世后一年，亚里士多德也过世了。学生早于先生而去，先生一定十分悲痛。何况，这不是一般的学生，这也不是一般的先生。世上有几个学生可以是亚历山大？世上有几个先生可以是亚里士多德？

收回飞翔的思绪，回到脚下的现实。看看我们的驻地公寓（图9、图10、图11、图12），有点沙漠地带的荒凉。我们就像占领军，我占领了办公区，柳L占领了起居区。剩下餐桌和厨房没人占领；理由很简单，因为没有人想在厨房里劳作，于是餐桌上空空如也。

这次旅行的序幕正在落下，正剧即将开始。以色列是一个神秘的国度，约旦也同样神秘。这是很长的一天，从昨天半夜到今天入夜，几乎没有休息。现在伴随我们进入梦乡的，将是这静谧的地中海和这宽敞的公寓。为八个人准备的公寓，现在就两个人住。这绝对让我们进入了两难境地：不多睡会儿显然对不起这公寓，而多睡会儿就对不起这旅程了。

昨天，耐人寻味。

明天，令人期待。

2

特拉维夫-凯撒利亚-海法

旅行时间：2020-02-06 星期四

　　昨晚就寝之前，我拿出了策划已久的线路图和时间表，预习一下接下来几天的行程，特别是明天将造访的地方。作为具体路线行程的主要策划者之一，这是我的责任。我从小喜欢看地图，也喜欢做计划。每每地图脚踏实地，常常计划好高骛远。这次因为要对全体八个同学负责，马虎不得；虽然现在只剩下了俩人，也必须一丝不苟。

　　设计行程，空间如图（图13、14、15），时间不赘述。严格按照行程，这是理工男的风格，凡事要求W5: What When Where Who Why。事先安排，事后总结。有人说我们智商还行情商不足。我们说爱咋地咋地，就是这德行。想起哈工大，我心存感激，那些严

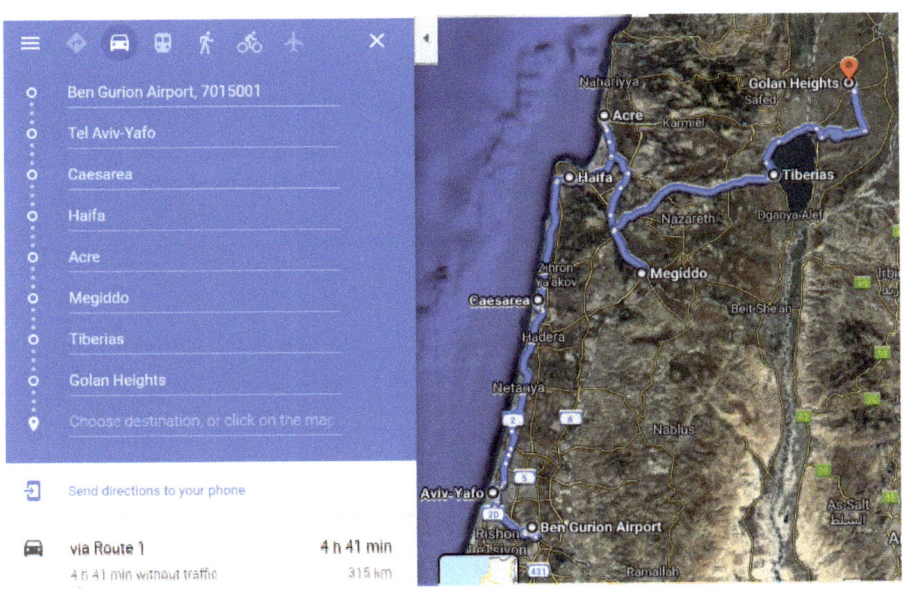

图13 第一程 特拉维夫−凯撒利亚−海法−阿卡古城−米吉多−拿撒勒−提比利亚−戈兰高地−提比利亚

谨的理工训练让我受益匪浅；但是想起哈工大的校训"规格严格，功夫到家"，却不以为然，这要是给蓝翔技校还是挺合适的。我丝毫没有贬低蓝翔技校的意思，相反，我觉得蓝翔技校这样的职业培训机构应该取代许多大学，因为社会需要不同种类的人才。就像一个团队，既需要好高骛远的，也需要脚踏实地的。

因此，大咖如林语堂者是看不上我们的办法的，他觉得这种游览方式绝对不上档次。他在那本《生活的艺术》[1]里，对事先安排固定时间去参观景点尤其博物馆深恶痛绝。他质问："你怎么可以肯定在博物馆里用事先安排好的时间就可以看完藏品？你甚至都不知道你会看到什么，你却已经确定你要花多少时间？"如雷贯耳，记忆犹新，虚心接受，坚决不改。我尊重林语堂，所以当他的看法和我的一致时，就按照他的办；在他的看法和我的不一致时，就按照我自己的办。

---

[1] 原版是英文，"The Importance of Living"，直译"生活的重要性"，其汉译本取名《生活的艺术》。

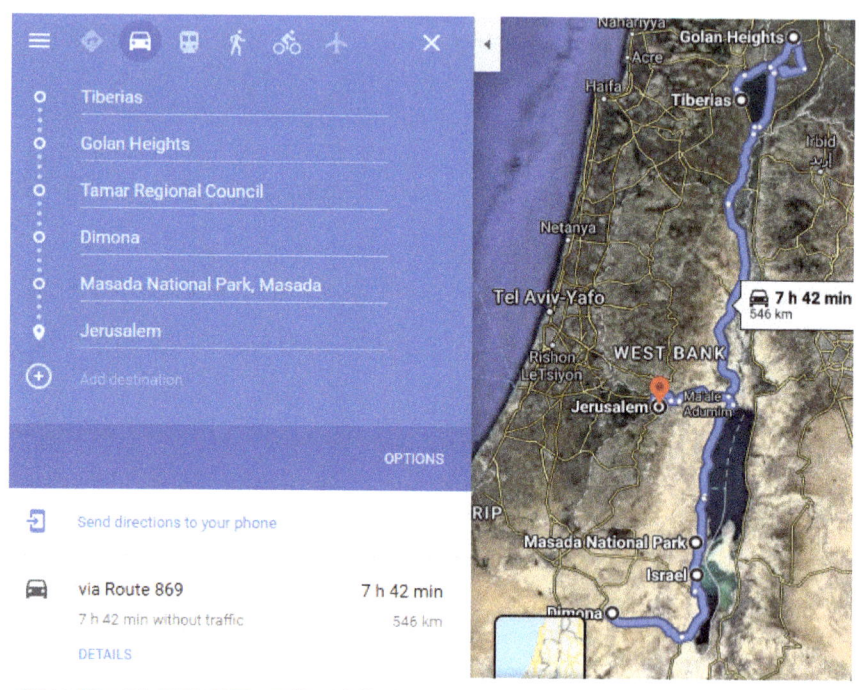

图14 第二程 提比利亚–死海–迪莫纳–马萨达–耶路撒冷

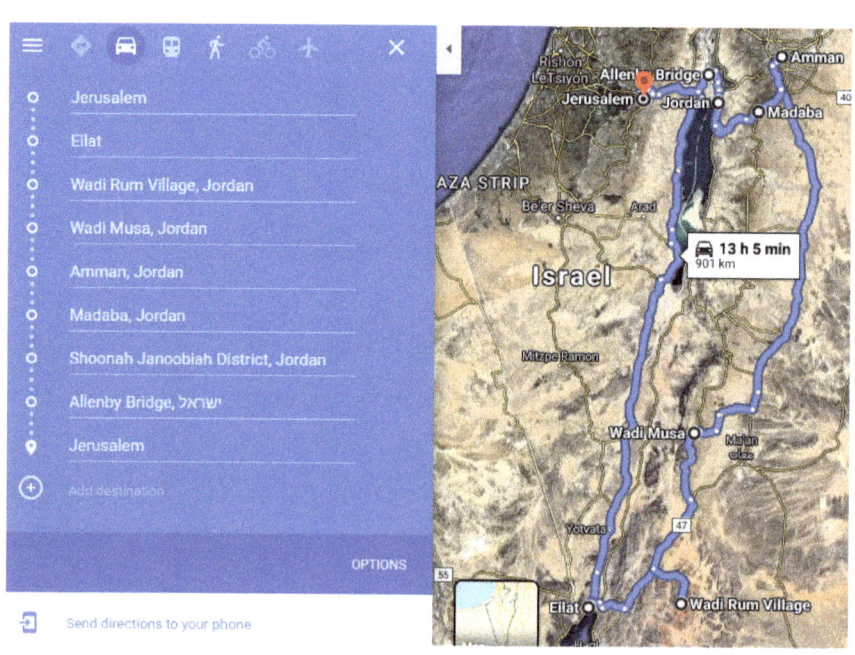

图15 第三程 耶路撒冷–埃拉特–瓦迪伦–佩特拉–安曼–耶路撒冷

我还是真心喜欢林语堂，比如他的"幽默盐"理论[1]。只是如此长途旅行，我们不得不把林语堂深恶痛绝的谆谆教导当耳边风，因为我们不想有去无回。没有时间（日程）安排的旅行，和没有空间（路线）计划的旅行一样，最终必定到处碰壁。

旅途分成三部分：

特拉维夫（Tel Aviv）机场开始到北部的提比利亚（Tiberias）；图13

提比利亚（Tiberias）南下到死海（Dead Sea），回到耶路撒冷（Jerusalem）；图14

从耶路撒冷出发环游约旦（Jordan），回到耶路撒冷，再游览耶路撒冷和伯利恒。图15

第一部分的旅行已经有了一个不错的开头，第一天顺利完成。预习完功课，心里有底，睡觉踏实。有时总觉得别人说我们情商不高有点道理。如果真是这样，那可能和哈工大的校训有点关系。

2020年的2月6日，早上起来，拉开窗帘，豁然开朗。在东方初升太阳照耀下的地中海景色显得比昨天更加清澈。

简单的早餐后就开车出发了。第一站，凯撒利亚（Caesarea）。顾名思义，和凯撒有关系，和古罗马有关。

上了车，一路顺风，车上聊聊凯撒。和柳L旅行不寂寞，他至今也没有改变哈工大时代的风格，想象力和批判力绝对一流。

2.1 凯撒利亚和古罗马

一个小时左右，凯撒利亚就到了。这回没有了泊车的困难，既不需要摩西的念念有词，也不需要金钱的所向披靡，我们就找到了

---

[1] 林语堂在《生活的艺术》中构造了一种有趣的化合物，他称之为"幽默盐"。由四种元素组成："现"——现实、"梦"——梦想、"幽"——幽默、"敏"——敏感。

很大的停车空间。看到几辆大巴也停在那里,而小车不多。估计冬季不是旅游旺季,再加上新冠病毒疫情,像我们这样一根筋的行者不多。

凯撒利亚最早是腓尼基人的定居点,后来属于罗马行省犹太国。犹太国王希律(Herod,生卒72-4BC,在位37-4BC),号称"希律大帝"(Herod the Great),但实际上他只是罗马帝国一个行省犹太省(Judaea)的"省长"。他在这块罗马赠与的土地上建造了大规模的城市。此人智商、情商都高。他拍马屁一流,造好了城市(22-10BC),就以当时的罗马皇帝凯撒·奥古斯都(Caesar Augustus,在位27 BC-14AD)命名。

希律的问题是情商有点超过智商。你好好地拍奥古斯都的马屁可以理解,但是他却又在马萨达(Masada)那个地方(后面章节会详细提到)建造工事准备抵御外敌,大有成为独立王国的意思。逻辑上,那时你只要是罗马的行省,谁敢来打你?除非是活得不耐烦了。所以,这不禁令人怀疑另有图谋。希律本人倒是不太敢胆大妄为,但是,希律死后几十年,犹太行省就"起义"了,马萨达城堡用来抵御罗马军团,结果可想而知(此是后话,第六章会详述马萨达)。

希律的时代,正是古罗马所向披靡、无处不在的时代。那段历史是罗马的转折点,尤利乌斯·凯撒(Julius Caesar)在刚刚攫取独裁大权后被刺身亡(44BC),公元前27年,罗马从共和国变为帝国。屋大维(Gaius Octavius)几经坎坷,终于成为罗马帝国的第一个皇帝,号称凯撒·奥古斯都。可见当时希律拍奥古斯都的马屁有多么重要,何况这块地方也是奥古斯都赠送给他的。希律死的时候,耶稣刚好出生。这一系列事件都注定了希律成为这个地区和犹太人历史上一个重要角色。耶路撒冷城的一些设施建设,也和他密不可分,是他引领建造了它们。《圣经·新约》也提到他,不过不是什么好事。希律的事情等后几章讲到伯利恒和基督教的时候再说。希律确实是罗马帝国的一位不错的"省长"。别告诉我的犹太朋友我这么说,没准他们会认为我亵渎了他们的"希律大帝"。

在凯撒大帝（100－44BC）和凯撒·奥古斯都（64BC－14AD）的罗马统治下，作为罗马行省的犹太国的处境是喜忧参半的。希律的谢幕有点神秘，甚至他的生卒年记载都有异议，有记载说他的生卒年为72－4BC，而有的说是72－1BC。看来希律对外界来说也不很有名，否则怎么死的年份都会有几年的糊涂账。估计，卒年有争议是由于和《圣经》上的记载对不上。

以色列人很有意思，罗马有个"凯撒大帝"，他们就整一个"希律大帝"。但是，把他们相提并论，总觉得他们不属于同一物种。比如老虎和家猫，你可以说都是猫科，但你怎么也不觉得它们有什么可比性。犹太人自己写的历史往往夸大了自己。我的这个判断不是我到了以色列才做出的，而是我在长时间的阅读和思考中得出的，接下来的旅行更加强了我的这个判断。

凯撒利亚古迹就在地中海边，可谓风水宝地。古迹的一处，立

图16 凯撒利亚古迹一角

着一块告示牌，言简意赅地描述了古罗马时代的这个城市，包括古罗马和东罗马（拜占庭）时代。我理解其更简单的表述是：这是一个罗马城市，一个商贸城市，一个官员商贾云集的好地方，一个娱乐休闲的好去处。

真不错，我要是生活在古罗马和拜占庭时代，一定要挣够了钱到这里买房子。

值得注意的是这个牌子上用的公元纪年的写法。"公元前"写作BCE，意思是Before Common Era，而过去写作BC，意思是"耶稣前"（Before Christ）。"公元"则写作CE，就是Common Era，而过去是AD（Anno Domini），意思也和耶稣有关，是拉丁语"Anno Domini nostri Jesu Christi"的简写，即"主耶稣的年"。改成这么个BCE和CE也是目前政治正确的需要，因为这样就和基督教没有关系了。不过，我还是使用政治不太正确的传统写法：BC或者AD。

在以古罗马皇帝凯撒·奥古斯都命名的凯撒利亚，我们值得简短回顾一下凯撒和奥古斯都。我们这里说的凯撒是尤利乌斯·凯撒（Julius Caesar），而奥古斯都则是盖乌斯·屋大维·奥古斯都（Gaius Octavius Augustus）。

罗马共和国在公元前一世纪形成了三巨头的统治格局。这三巨头就是凯撒、克拉苏（Crassus，115－53BC）和庞培（Pompey，106－48BC）。凯撒在另外两位分别阵亡和被刺后，于公元前49年大权独揽成为独裁者。罗马元老院的一些贵族们对此非常担心，认为这将导致共和国不复存在，从而他们现有的权力也会付之东流。其中比较激进的，认定只有极端的方式才可以避免这样的结局。这就是他们在公元前44年刺杀凯撒的背景和动机。他们如愿以偿杀了凯撒，但是后续却无法控制。

尽管凯撒不在了，老的三巨头已经烟消云散，但是权力平衡仍然未能达到，此时罗马从共和走向帝制已经势不可挡。比如，安东尼（Mark Antony，83－30BC）势力很大，很可能走向独裁，以至元老院的许多人后悔当时没有把安东尼也干掉。为了平衡权力限制

图 17 屋大维（奥古斯都），古罗马皇帝。2009年5月摄于梵蒂冈博物馆。左下小图：Joel Bellviure/wikipedia/CC BY-SA 4.0

寡头，由元老院的各方势力博弈出了一个新三巨头：屋大维、安东尼和莱皮德斯（Lepidus，89－13BC）。但是，这新三巨头也无法阻止共和国走向帝国。

莱皮德斯权力不大野心也不大，于是权力斗争主要在屋大维和安东尼之间展开。

屋大维是凯撒的养子，让他继承凯撒的衣钵，满足了支持凯撒的一派的愿望，也暂时平息了忠于凯撒的军队的愤怒。为了得到反对凯撒那一派的支持，也在协议中写进了不追究涉嫌刺杀凯撒的那些元老罪行的条款。

但是，无论如何，在元老院可以和平地通过这个决议，对那些刺杀凯撒的元老来说，这不是找死吗？尽管军队和元老院里支持凯撒的是多数，但是毕竟你元老院有这么多的人想搞死凯撒，有一些还直接参加了刺杀凯撒，现在又妥协同意让凯撒的养子继承凯撒，而凯撒的支持者居然很多也同意不追究刺杀凯撒的阴谋集团，只是对个别人定罪。这到底是个什么逻辑？反正罗马的事情咱用华夏的逻辑是想不明白的。政治交易是肯定的，但是如此不符合华夏心理的逻辑只有罗马人才可以理解。华夏的信条是满门抄斩，斩尽杀绝，不留后患。我只能说，华夏权贵的小肚鸡肠绝对无法理解古罗马人的逻辑。

当然，屋大维也必须和元老院以及安东尼做交易，目的是参与者都要利益共享。这也许我们都可以理解。于是屋大维也做出了一些很违心的事情。屋大维最后成为了奥古斯都，即罗马皇帝，而且是古罗马最杰出的皇帝，但是他在走向权力巅峰的路途中是有污点的。其中最令人诟病的就是他对西塞罗（Cicero，106－43BC）的出卖。本来西塞罗教导和支持了屋大维，也可以说没有西塞罗就不会有屋大维成为皇帝的机会。但是，为了确保权力，屋大维允许安东尼派人刺杀西塞罗。

这位西塞罗，就是古罗马的伟大哲学家和演说家，也是元老院最具影响力的议员。他对安东尼的公开抨击和批评，导致了安东尼必欲置其死地而后快。西塞罗在凯撒被刺后的一年里，对安东尼的檄文连篇累牍，都冠以Philippics。这是西塞罗崇拜的雅典政治家德摩斯梯尼（Demosthenes，384－322BC）反对马其顿国王（亚历山大大帝的父亲）腓力二世（Philip II，382－336BC）的一系列演说的题目。他就是要效仿德摩斯梯尼警告雅典公民"马其顿的腓力二世是整个希腊的敌人"那样，告诫罗马的元老院成员和公民们：安东尼是罗马共和国危险的敌人。

古罗马的权力斗争历史可见非常残酷，但是我们同时可以看到的是，古罗马人真的很大气。这种大气不是由暗杀和复仇表现出来的，而是体现在权力游戏中的平衡和宽容上。

在古罗马的腥风血雨、刀光剑影的权力斗争中，我们看到了人性的丑陋，这是在所有民族中都有的一面。但是，我们也在其中看到了平衡和宽容，这是很多民族不具备的。毕竟，古罗马的帝制和华夏的帝制不是一回事，就如同水牛和蜗牛不是一个物种。究其原因，就是制度得以创造和生存的文化。文化决定制度，而不是倒过来。

另外，我们需要特别注意的是，古罗马皇帝的权力移交，并非子承父业，而是在位皇帝在元老院和幕僚的建议和商量下，选择一个养子作为继承人。除了少数古罗马皇帝确实传给众望所归且具备能力的亲生儿子外，绝大多数都是由养子继承，而这个养子通常是在皇帝执政的后期才决定的。这个规矩使得华夏的帝制显得更加不堪。

古罗马的这种继承制度，除去利益驱动和人性本恶的大背景外，确实很接近《史记》推崇的上古时期的禅让制。当然，《史记》里的禅让制只是传说，而且很大可能是虚假的，真实的更可能是《竹书纪年》[1]里所描绘的腥风血雨。亦即，尧、舜、禹之间根本不曾有过什么禅让，而是僭越、逼宫和弑君。对比古罗马和华夏的最高权力的继承规则和实践，非常有意义。

---

[1]《竹书纪年》是一部于西晋太康二年（281AD）被盗墓者发现的古代史书，在四库全书之中为史部编年体，记录了从传说时代的五帝到魏襄王（一说应为魏哀王）之间的重要历史事件。于宋朝散佚。20世纪前后，经朱右曾与王国维等人考察先宋文献，重新辑录了古本的主要内容

古罗马的皇室可以换一个家族，但是古罗马却不会因此更换国号。这在华夏也是不可思议的。难道换了另一家人当皇帝不是改朝换代吗？人家也许换代了，但是没有改朝。这就是罗马帝国和所有华夏帝国的本质不同之一，因为华夏帝国都是家天下，而罗马帝国不是家天下。

古罗马人的大气是华夏人不具备的，古罗马皇室的大气也是华夏皇室不具备的，因此人家也没有妃子或太监。古罗马的阳刚之气令人赞叹，无论是共和国还是帝国，其大气磅礴正是源于此。

但是，古罗马也有很大的问题，其逐渐把古希腊的哲学和精神耗散殆尽，最后走向崩溃，令人唏嘘。这是一个巨大的话题，这里不予展开，但我们在后面会不断地提到古罗马，因为离开了古罗马，所有的有关以色列地区的历史都将不复存在。

古罗马人所到之处，不仅是征服和统治，更重要的是建设和发展。古罗马的建筑，是一个很好的历史见证；而古罗马水道，是古罗马建筑中最称得上具有人文情怀的伟大工程之一。和凯撒利亚关系密切的，还有一位伟大的罗马皇帝哈德良（Hadrian，76－138AD），是他建造了通向凯撒利亚的罗马水道[1]。

凯撒利亚古迹的北面，就是罗马水道的遗址。水是从东北方直线距离15公里处引过来的。罗马皇帝哈德良（在位117－138AD）下令罗马军队参与了水道建设。参与建设的罗马军团的番号被刻在水道的石头上，以志纪念，至今可见。看来军队和人民的鱼水深情从古罗马就开始了。罗马军团在犹太国帮助以色列人修罗马水道，这听起来好像和"美军在远东用驼峰航线运送物资帮助中国"一样伟大和拗口，但历史确实如此。当然你可以说这仅仅是为了统治。但是，当统治者和被统治者的利益一致的时候，就是一个好时代。至少，这比那些年那些自恋狂宣传的就地打口水井刻上"饮水思

---

[1] 哈德良（Hadrian，76－138AD），117－138年在位，罗马帝国第十四位皇帝，也是"罗马五贤帝"中的第三位。哈德良在位时期，是罗马帝国的辉煌时期，其任内主持兴建了许多著名的建筑工程。见https://followinghadrian.com/2015/01/05/the-hadrianic-aqueduct-of-caesarea-maritima-israel/

图18 凯撒利亚的水神殿（Nymphaeum）遗址

源"岂不伟大得太多？！

水最终引入城内，这是水神殿（图18）。这样的建筑源于古希腊，后来由古罗马发扬光大，在供水的关键枢纽都会有这样的建筑。可以看到，这位女神的衣着是典型的古希腊式的。

古希腊文明的影响，首先是通过其强大的自身的高瞻远瞩，然后是亚历山大大帝的远征后的希腊化时期，接着是古罗马对希腊文明的继承和发扬光大。但是，古罗马在管理上出类拔萃，却在科学和哲学上低能。

审视古希腊的希腊化时期（4－1世纪BC）和古罗马奥古斯都时期（1世纪 BC－1世纪AD）的文明圈和凯撒利亚在其中的地理位置（图19、图20），有助于我们理解这个古迹在当时的意义。

在凯撒利亚古迹随处可见古希腊和古罗马时代的文明遗迹。这是在修缮中的古罗马时代的古希腊式剧场。这样的剧场在古希腊城市遗址都可以看到。最有名的应该是在希腊的伯罗奔尼撒半岛上的

图19 奥古斯都时期的罗马帝国 (31BC - 14AD)，黄色：31BC，深绿：31 - 19 BC，浅绿：19 - 9 BC，淡绿：9BC - 6AD，淡紫：附属国 (Cristiano64/Wikipedia/CC BY=SA 3.0)

图20 古希腊亚历山大大帝后的希腊化时期版图 (Captain_blood/Wikipedia/CC BY-SA 3.0)

图21 石棺上的希腊文

图22 石梁上的拉丁文

图23 古希腊式廊柱的柱帽,柯林斯柱

Epidaurus剧场，可以容纳14,000人。最大的应该是在古希腊的以弗所（Ephesus）[1]的古罗马时代的剧场，可以容纳25,000人。凯撒利亚的剧场比较起来是算很小的。

那些散落在地上的大大小小的石头上，可以看到镌刻在其上的古希腊文和拉丁文（图21、图22）。

古希腊式的廊柱在建筑中是必不可少的。廊柱分不同种类。在古罗马，最常见的是科林斯柱。在凯撒利亚可以很容易地看到这些科林斯柱的柱帽。

这是科林斯柱（Corinthian）的柱帽（图23），另外两种经常出现的古希腊和古罗马建筑中的是多利安柱（Doric）和爱奥尼亚柱（Ionic）。它们都源于古希腊，古罗马则继承发扬了希腊建筑。所以，不要把它们叫作"罗马柱"，否则别人听起来，你的历史像是鲁镇的房地产开发商教的。

雅典的帕特农神庙的立柱就是多利安式的（图24），美国财政部大楼的廊柱是爱奥尼亚式的（图25），而美国最高法院的廊柱就是科林斯式的（图26）。这些廊柱被各个地区和各个时代反复借鉴，可见其当时审美的高瞻远瞩。

总之，凯撒利亚是一个很值得一游的地方。不过，如果你已经游览过希腊意大利以及爱奥尼亚（今土耳其境内）的古希腊古罗马遗址，你多少会感到分量不足。这也是以色列古迹的普遍缺憾。你几乎可以很确切地感觉到，以色列当时在文明的边缘，而不是中心。其既不在两河文明的中心，也不在埃及文明的中心，也不在古希腊文明的中心，也不在古罗马文明的中心。尽管以色列确实在"新月沃土"（Fertile Crescent）地区，但显然是其中当时不太发达的地方。

无论如何，凯撒利亚的历史积淀还是比较厚重的。离开她前往海法（Haifa），觉得就比较轻松了。

---

[1] 以弗所，这个《圣经·新约》中出现过的地名是世界上保存的最完整的古城之一。在古希腊和罗马时期曾经繁荣盛极一时。罗马时代以弗所是亚细亚省的首府和罗马总督驻地。

图24 雅典卫城的帕特农神庙（Parthenon）廊柱是多利安式的，2008年摄于雅典

图25 美国财政部大楼，廊柱是爱奥尼亚式的（美国财政部网站/public domain）

图26 美国最高法院，廊柱是柯林斯式的（美国最高法院网站/public domain）

2.2 海法

从凯撒利亚到海法只有40公里左右的路程，不到一小时就到了。由于时间还早，我们就直奔空中花园的顶端（图27），也就是山顶。空中花园实际上是建造在山坡上的笔直的阶梯，阶梯中间和两侧都是花园。阶梯全长直线距离800米，我们的驻地就在空中花园的底端，距离入门处只有不到50米。简直是太好的地方。图中左侧的那个标有61号码的房子的整个二楼就是我们的驻地（图28），我们才两个人，占据了整个二楼，实在是太浪费了。可谓"天时地利人未和"，计划八人，仅到二人。

观赏完毕，回到驻地，安排好住处。然后，我们就沿着空中花园轴线的延长线，一直走到了海边。回来时，在距离驻地很近的地方找了一家餐馆，吃了一顿很不错的黎巴嫩餐。我们倒是想吃地道的犹太餐，但是没有找到合适的。不知道是否犹太人很少开餐馆，还是什么原因。在加拿大也难以找到犹太餐馆。即便老板是犹太人，菜品也不是犹太的。在蒙特利尔（Montreal）我知道的犹太餐馆也是凤毛麟角。有一家卖犹太人面包圈（Bagel）的烘焙店，其Bagel和纽约的大不一样。还有就是一家卖熏肉的店，很小的店面，永远有慕名而来的食客排着长队。反正即便是我的犹太朋友约我出去吃饭，也从来没有去过犹太餐馆。

写游记时，想展示一下美食，却找不到美食的照片，一张都没有。我不抱希望也不怀好意地问柳L："你有吗？努力找找。"回答斩钉截铁："翻遍了，一张没有。"记得《西游记》里，当时猪八戒吃了人参果，却问孙悟空："师兄，啥味道？"悟空说："八戒，你都吃完了，还问我啥味道？"八戒："吃得太快，没尝出来。"我当时的感觉就差不多是这样。不过怎么也比八戒强点。八戒是，吃得太快，未品味道。我们则是，味道很好，忘了拍照。

理工男也有情商很高的，但是至今碰到的凤毛麟角。我总觉得，罗马皇帝哈德良就是一个智商和情商都很高的人。你看他的所

图27 海法花园空中鸟瞰

图28 左侧的61号的整个二楼就是我们的驻地,正面就是海法空中花园

作所为和他在罗马附近Tivoli的花园,就可以判断。凯撒估计智商无与伦比但是情商略有缺憾,他对葬送共和有着不可推卸的责任,而他自己却和帝国失之交臂。虽然我对凯撒颇有微词,但是对他为人的评价还比较正面。他最后是被他早先赦免的那几个人刺杀的。凯撒赦免了他们,他们刺杀了凯撒。凯撒以己度人,没有把人想得太险恶,但是人心叵测,他们超出了凯撒的想象。他们也许有正义的诉求,那就是拯救共和国,免遭凯撒的独裁。他们也许只是为了私利,那就是为了保全自己这一派的权力。

在凯撒和罗马的行省犹太国(今天的以色列),我总想起凯撒那句牛逼无比的名言"Veni Vidi Vici"。意思是:"我来到过,我看见过,我征服过"。看看以色列和罗马的距离,而这仅仅是罗马帝国半径的一半和360度的之一,就知道凯撒和罗马有多么强大。拉丁语"Veni Vidi Vici"的发音是:"Wenih, Widih, Wikih"。我们今天至少可以说"Veni, Vidi, WeChi",意思是"我来过,我见过,我吃过。"就是没有留下照片。哈,我想起来了,凯撒当年也没有照片。我们居然和凯撒扯平了,就差没有征服世界了。

3

海法-阿卡-米吉多-拿撒勒-提比利亚

旅行时间：2020－02－07 星期五

2月7日早上，我们出发去阿卡（Acre）古城，然后是米吉多（Megiddo）遗址，最后抵达位于加利利湖（Sea Galilee）畔的提比利亚（Tiberias）古城驻地。这是我们当天的行车路线（图29）。

阿卡是一个非常耐人寻味的城市，古城是其一部分，其历史从青铜时代[1]就开始了。当然，今天我们可以看到的，没有这么久远。目前阿卡有居民5万左右，信奉犹太教、伊斯兰教、基督教和巴哈伊（Bahai）教的都有。这可以说是多民族和多信仰混居和并存的地方。

---

[1] 青铜时代以广泛使用青铜工具和器皿为标志，处于铜石并用时代之后，铁器时代之前。世界各地进入这一时代有早有晚。伊朗南部、美索不达米亚和地中海一带在4000－3000BC已使用青铜器，印度在3000－2000BC也有了青铜器。美洲直到将近公元11世纪，才出现冶铜中心。

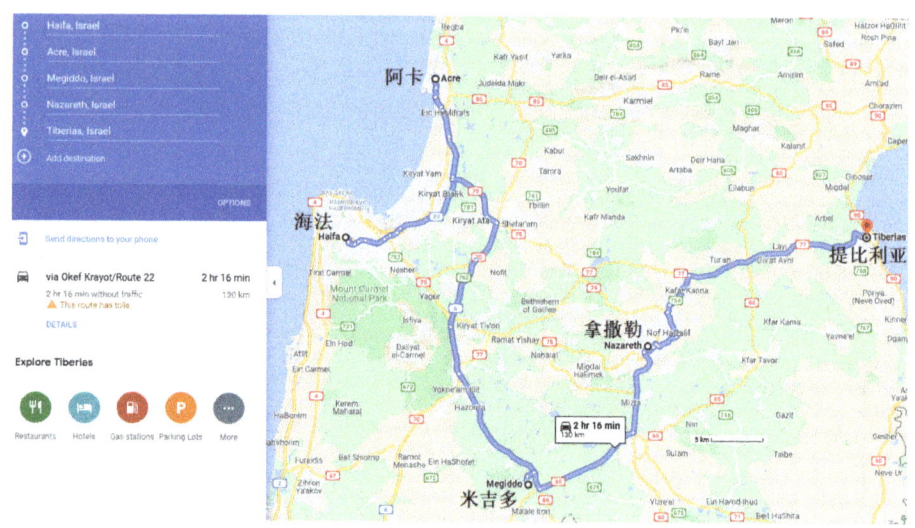

图29 海法–阿卡–米吉多–拿撒勒–提比利亚

2019年，在阿卡市政选举中，有85%的人投了现任市长Shimon Lankri的票。他是犹太人，而阿拉伯和穆斯林人口在阿卡占了1/3。这表明，阿卡确实称得上是一个民族和宗教和平相处的地方。

既然提及巴哈伊教，就顺便说几句。巴哈伊教创建于19世纪，宗旨是把世界上所有宗教都统一起来。创建者是伊朗人，而现在其总部在以色列的海法，也就是我们上一章讲到的海法。世界各地都有其信徒和设施，而阿卡则是巴哈伊教最神圣的地方之一。上一章介绍的海法空中花园也称作巴哈伊花园，是为了巴哈伊的神殿（Shrine of the Báb）而建造的花园。

在世界三大宗教（基督教、伊斯兰教和犹太教）的发源地，又出现了一个志在统一它们的巴哈伊教，这是一个有趣的现象。不过，我觉得巴哈伊这样的努力注定徒劳。只要是宗教，就想一统天下，恰恰因此而产生派别，于是就会有争夺宗教文本解释权的斗争，就会有如同基督教的大分裂（Great Schism）和伊斯兰教的逊尼派和什叶派的不共戴天。[1]

---

[1] 1053AD，基督教分裂为天主教和东正教。632AD，伊斯兰教分裂为逊尼派和什叶派。

很快，阿卡古城就在眼前了。我们确实想看看阿卡的居民是如何和睦相处的。我们知道，深层的东西我们是看不到的。即便如此，市井和表面景象也可以透露很多信息。当然，还有古迹。既然是古城嘛，总要看看古迹。

从对阿卡调研的信息看来，阿卡确实在宗教上显得包容。手中的地图显示，基督教设施和伊斯兰教设施并存。

当然，在表面的平和背后，实际情况可能要复杂很多。阿卡刀光剑影的历史，是否完全被现代的和睦相处取代？这里曾经是第一次十字军东征后建立的"耶路撒冷王国"的重镇，而后几经易手。基督教徒、犹太教徒和穆斯林都曾经是这样的统治者。也许正是这样，如今才更有理由成为巴哈伊教的圣地？

3.1 阿卡古城

我们在老城的外面停好车，就往城里走。开车进老城是绝对不明智的，那就像是扛着家具旅游一样。旅行手册上古城的俯瞰图告诉我们，那里很拥挤，停车很困难。

看看现在，再看看历史，就能够理解这个文化和文明。我们旅游，也是为了了解现在和历史。有人讽刺一部分人的旅游方式是"上车睡觉，停车撒尿，到点拍照，回去炫耀，仔细一问，概不知道。"我们似乎没有这个问题。总是想挖地三尺，刨根问底。

阿卡古城，确实可以把人带回到过去。老城看来是一个很大的集市（图30），到处是卖东西的摊子。这样的集市，至少在今天的北美和欧洲是看不到的。

走着走着，好像不对，这是人家的后院吧？赶紧退回来。

有一个很大的集市，在一条街上，街的上方还有统一的顶棚，感觉就像是室内一样（图31）。那里卖什么的都有。卖鱼的和卖服装的就挨着，要是衣服沾上了鱼的味道，估计不是一件好事。鱼很

图30 阿卡市场一角

图31 阿卡古城的市场

新鲜，应该是地中海里捕捉的吧？

理工男对逛市场绝对是没有兴趣的，即便没办法真要买什么了，也只盯着一样东西看，买了就走。要么就是饿了，满市场找吃的。要不然就看美女，这倒挺正常，说不定还会隔着距离偷偷给美女照张相。我们逛了一会儿，实在是打不起精神，首先市场很和谐，没有什么需要我们关注的，再者也不饿，不需要觅食，更关键的是没有啥美女。

如果我们是首长，那么目前的视察结果是：市场非常兴旺，产品琳琅满目，社会相当和谐，警察绝无仅有，美女凤毛麟角。

于是我们决定还是去看文明遗址。

我们找到了那个 El Jazzar 清真寺（图32）。这并非一个很久远的古迹，而是一个重要的文化设施。我们想看看在以色列的穆斯林的状况。刚准备进去，就发现了一个牌子，说是祷告期间不许参观（图33）。看来是没法进去了，谁知道这个祷告要做多久呢？我们不甘心，走上去想混进去看看，但是被叫住了。显然他们不觉得我们这样子是穆斯林。难道穆斯林就不能长成我们这样的"帅锅"吗？

既然进不去，就有两个选择。一是酸葡萄：既然不能进去看看，那里面肯定不好看。二是阿Q精神：阿Q肯定说"老子连伊斯坦布尔的蓝色大清真寺都进去过，你这么个小地方算啥？儿子挡老子，儿子挡老子"。这两种精神几乎战无不胜所向披靡。只是，我们实在不喜欢它，逮着机会就嘲讽阿Q。

那确实是一个值得一看的清真寺，人家不让我们进也是应该的，制度就是要执行的。

现在我们可以看到的阿卡古城的城墙，建造年代大约是1000 AD，差不多是中国北宋的时间段。在地中海，这个年代算是比较晚近的了。但是在中国，在地面上恐怕宋朝的东西也绝无仅有了吧。我绞尽脑汁想，到底中国有哪些地面上尚存的宋代以前的古迹，但是，除了西安的大雁塔和小雁塔，就想不出来了。

图32 El Jazzar清真寺附近

图33 El Jazzar清真寺正在做祷告的告示，闲人勿入

当年拿破仑也打到过这里。拿破仑到了埃及，挖出了不少古埃及的文物。而以色列仅仅是路过。好像那个"破轮子"对埃及情有独钟，对以色列视而不见，估计是知道在以色列也找不到什么。

自从到了加拿大后，我就一直在审视西方文明源头的问题。到大学的第一个学期就有基督教会找到我，要我参加他们的活动。我认真看了圣经，也听了他们的说法体会。我觉得基督教不错，但是我认为还有更好的，那就是古希腊。对于基督教的源头和以色列，我一直在思考，包括质疑《圣经》记载。我开始觉得我长久以来的怀疑是有道理的，即以色列的历史远远逊色于别的经典的文明，比如两河、埃及、希腊、罗马，等等。虽然我没有去过埃及或两河，但是我阅读过也比较过。我去过的那些地中海地区的古迹就远远超过以色列的。在以色列可以看到的古迹，要么是比较晚近的，要么是两河和埃及的延伸。

也许以色列就是在这几个文明地区之间的结合部，既不是两河文明的中心，也不是埃及文明的中心，也不是古希腊文明的中心，甚至腓尼基的中心也不在那里而是在北边的黎巴嫩。也许正是这种失落感，才导致了宏大的宗教故事的诞生。华夏"三皇五帝"的传说就是一个典型。

阿卡古城，走马观花。可以聊以自慰的是，这比首长访贫问苦要细致多了。如果我们可以到哪家掀起锅盖看一看人家吃什么，那就更加发扬鲁镇精神了。

3.2 提尔城和亚历山大

我倒是一直牵挂着另一个古城，那就是阿卡北边40公里处的提尔城。公元前332年，古希腊的亚历山大大帝在那里干过一件惊天动地的事情，就是攻占提尔岛。虽然近在咫尺，但是我们去不了，因

图34 阿卡到古城提尔和黎巴嫩边境的地图

为那儿属于黎巴嫩（图34，请注意图中的橙色标注），而以色列－黎巴嫩边境是关闭的。

虽然去不了，但是可以说说想去的理由。亚历山大大帝率领希腊大军进入小亚细亚后南下经过腓尼基的提尔，当时提尔还是岛。他要提尔人臣服，但是提尔统治者不仅不臣服，还把亚历山大派去谈判的人员杀死扔进了海里。这就不地道了，这和慈禧太后杀英法使团差不多了。提尔人还隔着海峡大骂亚历山大，他们以为没有海军随行的亚历山大根本不可能攻占提尔岛。

他们想错了，他们低估了亚历山大的决心和他的工程兵的能力。结果就是，亚历山大修了一条跨海长堤，把所向披靡的马其顿步兵送上了提尔岛。这个过程从公元前333年的11月一直持续到公元前332年的8月（图35）。亚历山大接下来做的就非常政治不正确了，他把提尔岛上的军人全部杀光，把平民全部贬为奴隶。

提尔岛现在已经不是岛，顶多算个半岛。很多人都不知道这里曾经是一个岛，甚至不少黎巴嫩人也不知道。我在巴黎曾经和一个黎巴嫩裔的律师聊天，谈起了他的家乡。得知，他家就在提尔附近。于是，我对他说了亚历山大大帝的故事，以及提尔的沧海桑田。他摇着脑袋说不可能，因为他从来没有听说过那曾经是一个岛。

本来我以为他会和我一起回顾提尔的历史，告诉我一些我所不知的关于提尔的故事。我估计也许我们会在对亚历山大的看法上有所不同，而对历史事实的认知应该是一致的。因此，我当时有点吃惊，就说我们都回去再查询一下。好在第二天他发电邮过来说："谢谢你告诉我关于提尔的历史，那里确实曾经是岛，简直不可思议！"

确实不可思议。两千年过去了，曾经的孤立岛屿，由于一场战争而变成了大陆的一角；过去的刀光剑影，由于岁月长久而淡出了世人的记忆。

当时亚历山大的工程兵，是如何在这么短的时间内建造了很宽的跨海长堤的？这令人赞叹。现在的提尔已经是卫星图显示的样子

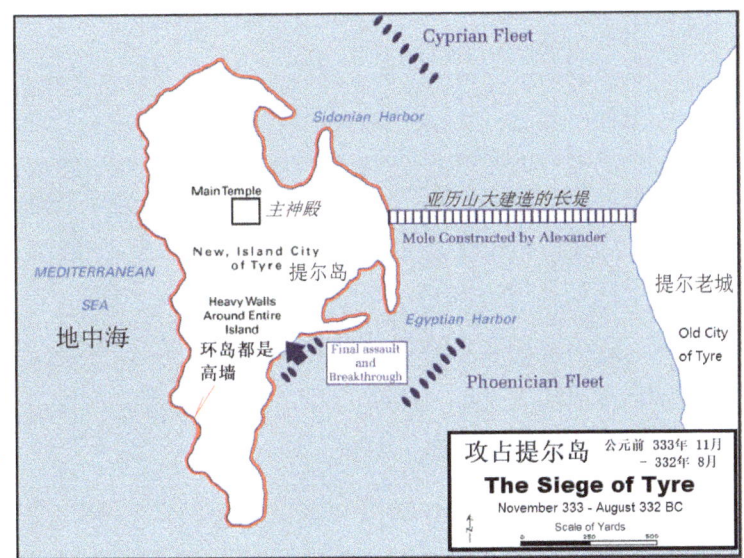

图35 亚历山大大帝建造的连接大陆和提尔岛的长堤(美国军事学院历史系/public domain)

图36 提尔城,不再是岛,亚历山大大帝的痕迹还在吗?

（图36），完全看不出曾经和大陆隔绝的痕迹。当时的跨海长堤再宽也不到100米，如今最窄的地方也有500米，因此已经没有了长堤的样子。怪不得人们忘记了提尔曾经是个岛屿。这也很可能就是由于亚历山大大帝建造的跨海长堤的作用，假以海浪泥沙，随着天长日久，在长堤两侧逐渐阻挡淤积，导致长堤越来越宽，以致原来的提尔岛今天完全变成了大陆的一部分。

曾经的天然屏障现在消失了，但是过去没有的人为屏障却产生了。这短短的40公里就是由于边境封闭而成为了不可逾越。这是何等的讽刺？！曾经的天堑变成了坦途，甚至融为一体；而曾经的邻居却成了仇敌，俨然不共戴天。

这世界上，望洋兴叹是可以理解的，毕竟那海洋是天生的，也是可以克服的；而望墙兴叹就是自作自受了，毕竟这高墙是自己造的，这就需要另当别论了。

离开阿卡后我们在城南的海滨稍作休整。此时，头顶阳光灿烂，天际乌云翻滚，海风呼啸而来，似乎是对我这个离经叛道对以色列和宗教起源大放厥词的家伙提出了警告：那谁谁谁要请你喝茶了。我赶紧要解释一下：千万不要以为我是反对基督教的。恰恰相反，我是欣赏基督教的。只是，==我欣赏的是奥古斯丁之后，特别是阿奎那之后的基督教，尤其是文艺复兴之后的基督教。==

以色列是一个思考宗教的好地方。何以在一个不是文明中心，而仅仅是几个文明的遥远结合部的地方，产生了对后世最有影响力的宗教？古波斯的拜火教（Zoroastrianism）没有这么大的影响，如今几乎销声匿迹。而古希腊的神话甚至没有进入宗教的地位。罗马人更没有产生什么和宗教有关的意识形态。埃及的宗教曾经盛极一时，如今几乎荡然无存。但是，以色列，却以其远远不及周围的文明，硬生生地搞出了一个犹太教，接着是基督教，然后是伊斯兰教。其中伊斯兰教其实和犹太教、基督教没有太大的关系，但是默罕默德看到了犹太教和基督教成功的秘诀，生拼硬凑把伊斯兰教嫁接到了《圣经·旧约》上。

那些旧约故事都没有考古证据，或是无中生有，或是捕风捉影。于是，我得出这样的结论：宗教的意义不在于真实，而在于占领道德高地，从而凝聚族群，以便有足够的自信生存下去，发展起来。一个苟延残喘于几个伟大文明的结合部的落后地区和族群，太需要一种精神寄托，从而使得其不自卑，且自信满满，以苟延残喘之现状，图飞黄腾达之未来。这应该就是犹太教源头的初衷，也成为了后来者效仿的榜样。

3.3 米吉多

再踏上征途，米吉多（Megiddo）很快就到了。米吉多在《圣经·旧约》里被提到12次。Armageddon在新约里被提到一次。Armageddon这个词对熟悉圣经的人来说应该知道，意思是"世界末日善恶大决战"。有人认为这个世界末日善恶大决战的战场就在这里。也有人不同意。一看这故事，就觉得当年以色列人见识太少，要是他们知道特洛伊战争和特洛伊古城，就不这么编了。

有意思的是，在米吉多遗址的边上，近在咫尺（不到100米），有一个基布兹（Kibbutz）集体农庄（图37）。基布兹是一个以色列特有的社会主义经济组织形式。第一个基布兹出现在1909年，在以色列北部的加利利海北岸。

我常怀疑苏联的集体农庄的最初设计来自基布兹。毕竟，苏维埃布尔什维克革命家里有众多的犹太人，比例大得令人瞠目结舌，而苏维埃建立于1917年。这是一个令人痛心疾首的话题，苏维埃和集体农庄带给人类的灾难，众所周知罄竹难书（我们在这里就不展开了）。

米吉多的古迹还是可圈可点的（图38），但是和别的地中海地区的古迹比起来，总觉得缺少一些底气。有些传说由于过于和《圣经·旧约》中的大卫王、所罗门王扯在一起，令人疑虑重重。我们

图37 米吉多遗址和米吉多集体农庄（Kibbutz）

图38 落日的灿烂和乌云的威胁，米吉多遗址

质疑一切，只相信考古证据和逻辑分析。

3.4 拿撒勒

离开米吉多，在途中的拿撒勒（Nazareth）吃了一点东西。午餐味道不错，四周名胜环抱。但是，居然把小票拍照了，而食品没拍。再次证明，理工男是无可救药的。看那菜单肯定很美味，希腊色拉、面包、羊排、瓶装水。在如此众多的基督教名胜古迹围绕下（图39），午餐的精神意义是更重要的。

拿撒勒是耶稣基督的家乡，他成年以后基本上就在这一带活动，包括距离这里不远的加利利海地区。这是基督教朝圣者必到之地，拿撒勒也因此有不少基督教的景点。这句话听起来是本末倒置的，好像是应该倒过来。其实，这样才是对的。正是由于很多朝

图39 在拿撒勒（Nazareth）的午餐发票。食品照片找不到，发票照片却在。红色标出的就是就餐处，右下角是就餐收据清单。图中标出了几个主要的和基督教有关的名胜古迹。

圣者，后来才建造了不少基督教景点，比如教堂。而早年耶稣在这里活动的遗迹早已荡然无存，这些教堂基本上都是很晚近重新建造的，那样式实在是新式到我们都不太有激情拍照的程度（图40）。

我们午餐的地方叫作"Tishreen"餐厅，和"报喜教堂"（Basilica of Annunciation）近在咫尺，大约200米。这个教堂的所在地就是《圣经·新约》中记载的天使禀告玛利亚的地方。那时的玛利亚还不是圣母，因为还没有生耶稣。天使告诉玛利亚，她怀上了上帝的儿子。当年，我就是看了类似这样的记载决定不加入基督教的。

图40 Basilica of Jesus the Adolescent，这个教堂是为了纪念耶稣在这里度过了他的青年时代（random exposure/Wikipedia/CC BY 2.0）

在加利利海附近有更多和更重要的耶稣活动记载，尽管遗迹已经无处考证，但是根据记载重修的景点会更多一些。这是明天的任务了。今天天色已晚，需要尽快赶到加利利海边的提比利亚。

3.5 提比利亚

暮色苍茫时分，我们终于抵达了在提比利亚（Tiberias）的驻地。

我们在第二章谈到了凯撒利亚，那个城市是以当时的罗马皇帝凯撒·奥古斯都命名的。而提比利亚城建于公元20年，是根据罗马帝国的第二个皇帝提比略（Tiberius Caesar Augustus, 42 BC – 37 AD，在位 14 – 37 AD）命名的。他是罗马第一个皇帝奥古斯都的养子。这就是我们在前面提到的古罗马的皇帝继承规则，通常不是亲生儿子，除非真的德高望重出类拔萃；而是选择一个对罗马最为合适的具备以上条件的人，让在位的皇帝认为养子，然后继承皇位。华夏的尧舜禹禅让纯属胡编意淫，而古罗马真的就做到了这点。令人赞叹（见第三章）。

我们终于从老子（屋大维）的古城（凯撒利亚）逛到儿子（提比略）的古城（提比利亚）了。才用了一天时间。

驻地的房子真不错，两层楼，都是我们的。本来是八个人住的，现在就我们两个人，可以一人占据一层楼。但是我们还是很讲道理的，没有必要把另一层楼搞脏，于是即便付了钱，我们也没有去占据另一层。二楼的两个卧室够我们用的了。

我占领的这个卧室窗户很大，直接对着远处山坡下的加利利海，居然还没有窗帘。这么晚了，房东也不在周围住，我们甚至不知道房东的电话。看这样子，就是联系上房东，也不可能有窗帘提供的，因为连挂窗帘的硬件都没有装。我不知道这里是否有人住过，他们是否抱怨早上太亮会影响睡眠，或者脱光了走来走去是否如同在舞台上表演脱衣舞。这不是卧室，简直是一个舞台。虽然加利利海并非大海，但还是依稀想起一位现代诗人的诗句：

图41 提比利亚驻地，面对加利利海。卧室就像一个舞台

……我只愿面朝大海，春暖花开。[1]

此刻，我面朝加利利海，除了灯火，一片漆黑，春还未到，花尚未开。

这舞台式的卧室令我突然想起了鲁镇的一首歌：

好一个中国大舞台，大舞台，一幕幕沧桑巨变多豪迈……

我特别不喜欢这种类型的歌，但有的东西是，你越不喜欢，你越没法忘记。还有她唱的那个"啊，妈妈"。呀呀呀呀呀呀，她唱得声嘶力竭，我们听得目瞪口呆。那个唱歌的，好像爱那个舞台爱那个妈，爱得热泪盈眶的，但是却毅然决然离开舞台和妈而去了——当然是去了西方。弄得咱本来就捉襟见肘的情商更加不够用，理解起来有困难。

---

[1] 见海子诗《面朝大海，春暖花开》：陌生人，我也为你祝福/愿你有一个灿烂的前程/愿你有情人终成眷属/愿你在尘世获得幸福/我只愿面朝大海，春暖花开。

在有些地方，那些灵魂自由、审视世界的人总是命运多舛，而那些阿谀奉承、歌功颂德的人通常平步青云。如此世事炎凉，让人叹息不已。

总是想起古罗马。古罗马的阳刚坚毅和大气磅礴总在这旅途中如影随形，魂牵梦绕，挥之不去。何以这个伟大的共和国最终演变成了帝国，最后竟然分崩离析、烟消云散？我认定这和脚下这块地方的两千年前的一系列事件有关，这也是我到这里来的理由之一。

一日奔波，收获颇多，想得更多。

睡觉吧，也许可以梦回古罗马。

提比利亚 - 加利利海 - 约旦河 - 戈兰高地 - 提比利亚

旅行时间：2020-02-08 星期六

2月8日，早上6:00就醒了，因为卧室已经很亮了，托没有窗帘的福。不，是托上帝的福，因为祂说：Let there be light!（让光出现吧！），于是就有了光。《圣经·旧约》上是这么说的。

4.1 提比利亚的清晨

居然躺在床上就可以看到加利利海！啊，也许房东是这样的用意，让你们一睁开眼睛，就看到《圣经·新约》上描述的这片最重要的水域？于是在床上就拍了一张窗外的景色（图42），学名"床照"。加利利海赫然入目，这其实是一个湖，但是由于《圣经》的缘故，多把它称作"加利利海"。而且，这是一个淡水湖，上游是约旦河，下游也是约旦河，最后注入死海。而死海，则是咸水湖，而且是世界上最咸的湖，比你任何一天的晚餐最咸的汤都要咸很多。此为后话，下一章到了那里再详述。

看来天气不太好，否则天亮得更早。这阳台和卧室确实像一个大舞台，昨晚联想没错，只是比较负面，什么"诶呀妈呀大舞台"？早上来点正面的，于是就想起了范仲淹。

布满阴霾的天空，俨然：

> 若夫淫雨霏霏，连月不开，阴风怒号，浊浪排空。……[1]

真希望：

> 致若春和景明，波澜不惊，上下天光，一碧万顷。……

我发誓这是我背诵的，不是查网络后写的。

接着奇迹出现了，真的"上下天光，一碧万顷"了。一早的阴霾，居然在9点左右一扫而光，代之以彩虹、白云、阳光（图43）。

我觉得马上要皈依基督教了。如果真的在这片《圣经》的发源地皈依为基督徒，那是一件近乎完美的事情。唯一的障碍是，遇到了崇尚古希腊理性的理工男。先不要下结论，而是，审视证据，运用逻辑。

提比利亚是一个不大的城市，现有居民大约4.5万人。城市的面积

---

[1] 北宋·范仲淹的《岳阳楼记》。

图42 早晨06:23的床照，驻地窗外景观

看起来不小,整个加利利海的这一可见的区域好像都属于这个城市。

提比利亚和凯撒利亚,都是以罗马皇帝命名的,凸显了古罗马对这一地区的影响。罗马的领地,《圣经》的故乡,似乎并不违和。也许只有在以色列,才可以理解:

凯撒的归凯撒,上帝的归上帝。

(Render unto Caesar the things that are Caesar's, and unto God the things that are God's.)

耶稣之后数百年,古罗马居然奉基督教为国教。这一当时的权宜之计,导致了后来的深远影响。

没工夫胡思乱想,赶紧拍了几张景色照片。彩虹的方向就是戈

图43 早晨9:30的景色,雨霁云开,彩虹日出

图44 行车路线，提比利亚－塔布加（五饼二鱼堂，彼得就职堂）－戈兰高地－塔布加（天国八福，Domus Galilaeae）－迦拿婚礼教堂

兰高地，今天我们要去的重点之一。

这就是我们今天的行车路线（图44）。今天除了戈兰高地外都是基督教圣地。

首先抵达的是基督教圣地塔布加（Tabgha）。这是加利利海边一个面积不大的区域，里面有"五饼二鱼堂"（Church of the Multiplication of the Loaves and Fish），"彼得就职堂"（Church of the Primacy of Saint Peter）和"耶稣桌"（Mensa Christi）等《圣经》中记载的重要地点。这个入口应该是正门（图45），上面写着拉丁文和英文：

第一行（拉丁文）：神圣的保留地

第二行（拉丁文也是英文）：塔布加

第三四行（英文）：彼得就职堂

第五行（拉丁文）：耶稣桌

图45 五饼二鱼堂（The Church of the Multiplication of the Loaves and Fish），彼得就职堂（Church of Primacy of Saint Peter）和耶稣桌（Mensa Christi）等遗迹的入口

图46 五饼二鱼堂内院

4.2 五饼二鱼堂和彼得就职堂

我们先到了"五饼二鱼"堂（图46），根据《圣经》记载，耶稣在此显示神迹，用五饼二鱼让5000人吃饱。耶稣当时在这一带传教，显示过一系列神迹，而"五饼二鱼"是其中最知名的之一。

要让我们理工男相信这样的传说，哪怕是写进《圣经》里的传说，也是有很大困难的。我对宗教的看法是：最初的宗教不是为了追求真理，而是为了抱团取暖；宗教只关心道德信仰，而不在意客观真实。但是，这不是我们现在要质疑的，现在我们需要做的，就是仔细倾听别人的说法。谁又能保证自己不会错呢？"我唯一所知，就是我一无所知。"这是苏格拉底的名言，当时只有古希腊人才有这样的勇气。我们不妨承认我们的无知。

彼得就职堂（Church of the Primacy）就在加利利海边上（图47、

图47 彼得就职堂就在加利利海边上

图48 彼得就职堂侧面的加利利海

图49 彼得就职堂内部,那块石头就是耶稣桌(Mensa Christi)

图48)。湖水清澈见底,远山云遮雾障。教堂内(图49)的讲坛处,有一块大石头,这就是耶稣桌(Mensa Christi)。据说当年耶稣就是在这里为他的使徒们准备了有饼和鱼的早餐。

加利利海水域和周边地区景色宜人,确实可以称得上"流奶与蜜"之地。比之后来我们抵达的戈兰高地和约旦河下游,特别是死海地带,就更加彰显这片水域的宝贵和对人们生存的重要性。

4.3 约旦河

为了有足够的时间"视察"戈兰高地,我们在12点一过,就从塔布加(Tabgha)出发。不一会儿,就到了一个路口,我们知道约旦河就在附近,于是就停下车来,步行寻找。大概是由于季节和疫情的原因,整个公园几无一人。我们很快就找到了约旦河,大概是由于刚下过雨,从戈兰高地流下来的水夹杂着太多的泥沙,导致此时的约旦河相当浑浊,有点像是黄河中下游的水。

这是我们当时拍摄的约旦河(图50),位置是在约旦河即将注入加利利海大约1公里处。如果当时天气暖和河水干净,估计我们会

图50 加利利海北岸附近的约旦河,拍摄时间12:37

跳到河里游上几分钟。不管是否皈依基督教，约旦河里洗一下也不是坏事；将来如果皈依，连洗礼都省了。耶稣就是在约旦河里洗礼的，现在的朝圣者也多在约旦河做洗礼。风和日丽时的约旦河，显然比我们那天去时看到的要漂亮很多。

朝圣者现在最常去的受洗处，在加利利海的约旦河出口处的 Yardenit（图51）。而耶稣的受洗处，在更加南边的靠近死海北岸的地方（图52）。根据《圣经》记载，是约翰给耶稣做的洗礼。这个记载让神学院非常费神，因为这看起来，约翰要比耶稣的资格更老、地位更高。于是神学院就发挥了各种解释各种操作，最终自圆其说。所以我一直说，文本是次要的，重要的是解释权。一个宗教与其文本的关系不大，但是与其对文本的解释关系很大。

如果我们真的跳进约旦河，我们就可以把凯撒大帝的那句名言"Veni Vidi Vici"（我来到过，我看到过，我征服过），变成"我来过，我见过，我洗过"。古罗马的幽灵总是跟着我们，如影随形。

4.4 戈兰高地

约旦河的地理、历史和现状也告诉我们，戈兰高地的重要性不仅仅是军事上的，也是水源的安全性上的。加利利海的水来自约旦河，一旦失去对约旦河上游的控制，加利利海就成了无源之水。控制不了戈兰高地，约旦河最多是一条界河，而加利利海也成了有争议的界湖。一旦控制了戈兰高地，约旦河就成了以色列的内河，而加利利海就成了以色列的内湖。由此可见戈兰高地对以色列的重要性。毋庸讳言，戈兰高地对约旦也同样重要，而理由完全相同；正是因为如此，戈兰高地对叙利亚也同样重要。

审视一下戈兰高地和附近的地形图是很有意义的（图53）。图中0公里处是约旦河的源头。图中虚线是联合国根据冲突双方以色列和叙利亚的实际控制区确定的。戈兰高地西侧的虚线实际上已经

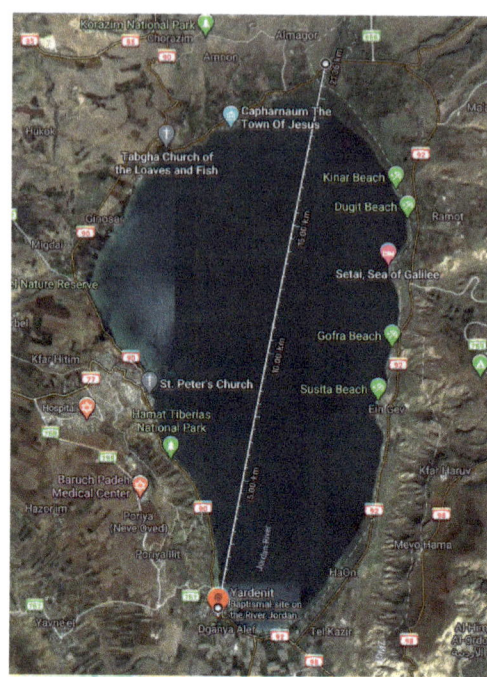

图51 我们拍照的约旦河所在位置（湖的北侧）和目前多数朝圣者受洗处（湖的西南角）的距离

图52 耶稣的受洗处在更加下游的靠近死海的地方

图53 约旦河的源头位置及其至加利利海的距离

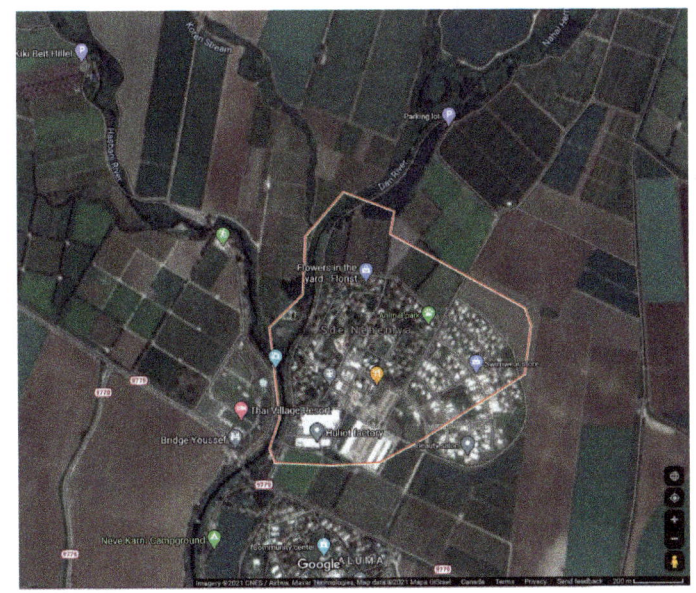

图54 约旦河的源头,在这里三溪合流,汇成约旦河

没有了意义，因为那里现在已经是以色列的后方。戈兰高地东侧的虚线是1974年停火线，可以看到虚线有左右两条，左侧是以色列的前沿，右侧是叙利亚的前沿，虚线之间现在由"联合国脱离接触观察部队"（UNDOF，即United Nation Disengagement Observer Force）驻扎，以维持现状与和平。

可以理解，以色列肯定不会放弃对戈兰高地的实际控制权，但是由于国际社会的压力，又不能堂而皇之地吞并戈兰高地。于是，以色列一直在做外交努力，比如给予约旦以相当的淡水分配，以换取约旦不反对以色列对戈兰高地的控制。美国政府在川普总统时期（2019年3月25日）签署命令，承认戈兰高地为以色列领土。对此以色列如获至宝。为此，以色列甚至要把戈兰高地一处犹太定居点命名为"川普高地"（Trump Height）。

这是放大了的约旦河的源头部分（图54），在这里约旦河由三条小河合流汇成，而这三条小河也起源于不远的以色列、黎巴嫩边境山区的以色列一侧。图中红线标出的是一个基布兹（Sde Nehemya），有成员1000多人。这些以色列的"人民公社"应该有准军事的职能。基布兹在以色列每况愈下，但是仍苟延残喘。这也许和以色列国家机器需要它们分不开。在人间建设这种集体主义的天堂，也许源于犹太人的信仰。但是最后，这些所谓的"天堂"都会被自由的人们抛弃。

犹太教教导犹太人，他们是上帝的选民，于是他们觉得自己有资格在人间建设天堂。基督教则认为在上帝面前大家都是罪人，在人间不可能建成天堂。而经过古希腊精神改造后的基督教认为应该让每个人获得自由，而不是把所有人送进人间天堂。可能是由于这些不同，社会主义和犹太教思想一拍即合，但是和基督教思想格格不入。从建设人间天堂的愿望开始，迟早会演变为人间地狱的梦魇。正所谓我经常说的"始于乌托邦，终于古拉格"[1]。从终点平等的愿望出发，最终的结局却是大众被奴役。

离开约旦河，我们前往戈兰高地，方向东北。其实，我们当时

---

[1] 林炎平，《始于乌托邦 终于古拉格：左派——文明的掘墓人》，2020年11月18日。https://mp.weixin.qq.com/s/f2alO8uBmoY_zB_5y8-ogQ

图55 戈兰高地的小路口，大风中的以色列旗帜平行地面猎猎飘扬，时间 13:20

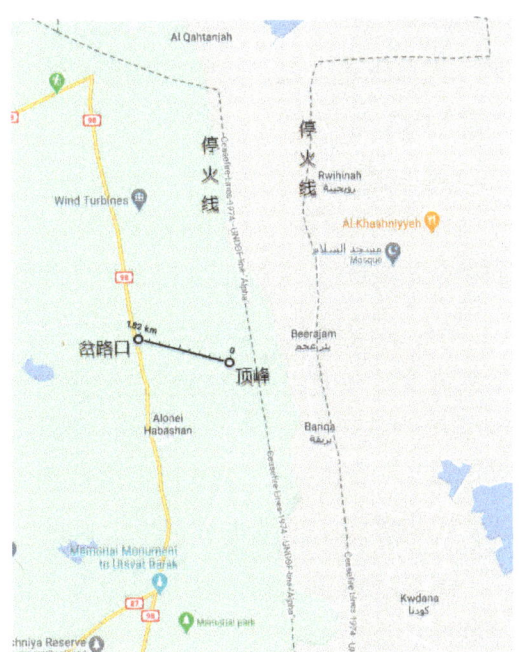

图56 我们在这个路口等待确认是否可以通行，最后从这里抵达顶峰

并不知道具体的目的地。我们只知道这个方向，原则是离叙利亚边境越近越好，海拔越高越好。为此，我们就沿着距离边境最近的平行于边境的98号公路试试，看哪里有通向东边边境的道路。

不久，我们终于到了一个路口（图55），我们觉得这条路可能通向边境，但是看看这路况如此糟糕，更像是被废弃了的，于是就犹豫了。路口手写的希伯来文指示牌更令人疑惑，不知道写的是啥，也许是"私人领地，不许入内，否则后果自负"？想等等看是否有车进出。要上厕所，显然没有厕所。在荒野放水，无可厚非。当时风很大，顺着风滋出去很远，大有所向披靡之势……但是没等胜利竣工，风突然改变了方向，30秒钟大计，毁于最后3秒钟。看那路口的以色列旗帜都飘成那样了，就不要抱怨了。

想起了多年前我带客户去浙江工厂，开车在一条乡道上。两位客户都是犹太裔，一老一少，一个加拿大人，一个美国人，挺幽默的。年少的美国人J说"我要撒尿了，哪里有厕所？"没等我开口，年长的加拿大人B说，" J, just get out and pee. Here is in the middle of nowhere."（这荒郊野外，你直接出去撒就完了。） B是中国通，J是第一次去中国。确实，乡间小道，去哪里找厕所？最后，我们连司机都陪着J去放水了，免得他觉得不好意思，或曰：法不责众。

现在居然我在《圣经》的故乡，用《旧约》的原则，"以牙还牙，以眼还眼"了。他们祖辈是犹太人的可以在中国田野里撒尿，我们祖辈是中国人的也可以在以色列田野里撒尿。

B年长我两轮，和我同一天生日。他现在退休了，但是我们经常约好去吃午餐，通常是越南河粉或者黎巴嫩餐。在去以色列前，他见到我就问，"以色列还没有去吗？要向导就告诉我。"这回我要告诉他，一切顺利，就是你们以色列的风不太友好，把正在放水的水管子都吹歪了，把水都吹到反方向了。

很巧，片刻，有一辆车从小路开出来。我们有点喜形于色，这小路确实还可以过去。我们和那辆车上的人打招呼，问他们那边可以通车吗，可以看到什么。他们显然是旅游者，也说英语，答道"可以看到叙利亚"再加一句"路不太好，小心驾驶"。我们很高兴，这下好了，找到地方了。

戈兰高地的大风，令人印象深刻，但这还仅仅是开始。戈兰高地天气瞬息万变。我不知道通常就是这样，还是那天对我们特别款待。此时，东边似乎还蓝天白云，西边却已经乌云密布（图55），西风猛烈，呼啸不停，告诫我们下一刻天气的不可预测。

那路况确实不好，不过事先有思想准备，也知道可以通行，所以心里比较踏实。很有意思的是，这条小路上居然有水流，有的地方水从路边漫到了路上，把路面冲蚀得更加坑坑洼洼。这山头就在不远处，是什么导致这水流淌不息？水流很清，所以不是早上下雨冲刷下来的，而且此刻并没有下雨。

不久，我们看到建筑物了，应该是以色列军事设施。接着，以色列士兵拦下了我们。我们就地停车，然后试图找一块高地，以便一览无余。

我们问那几个以色列士兵，我们是否可以走到军营去看看，他们说不可以。军营在更高一点的地方（图60），距离我们大概有100m。我们最后在图中标出的那个地方观望叙利亚那边的景色（图57）。图中的0点是我们所在的位置，两个圆形的区域是以色列的军事设施。我们面向的应该是大马士革的方向（图61）。我们所在位置到大马士革的直线距离，大约是65公里（图58）。图59中标出了以色列和叙利亚的停火线以及UNDOF（联合国脱离接触观察部队）的位置，红圈是我们抵达的高地（海拔1158米），这是这一带的最高峰。

我们再次领略了戈兰高地的大风。这次更加强劲，我的眼镜被一阵大风突然吹走，好在我的近视只有200度（甚至不到250，简直是恰到好处），所以我还可以看见眼镜在地上翻了几个跟头，然后在距离我十几米的地方消失了。我赶紧冲过去，居然很容易地找到了。

风太大了，刚才放水的时候风向突变虽然后果有点尴尬，我现

图57 我们抵达的最接近以色列和叙利亚停火线的地方,距离停火线不到700m,时间13:30

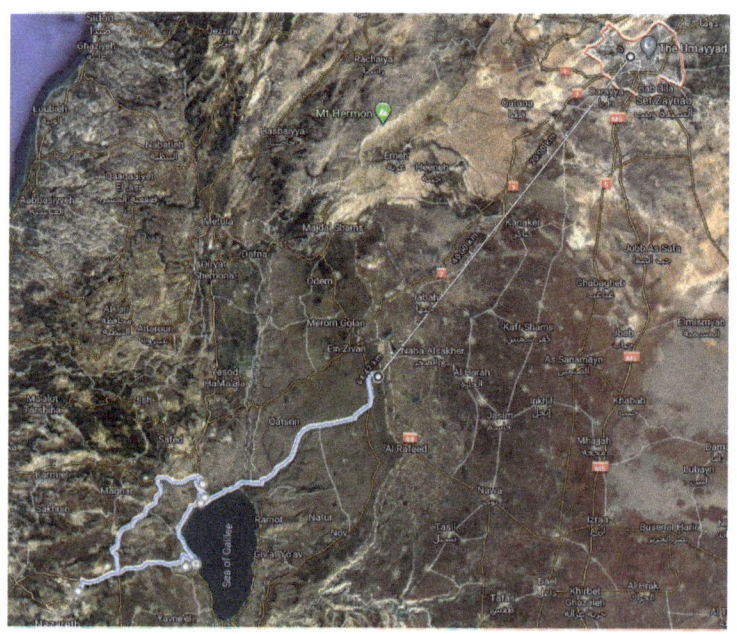

图58 我们抵达的戈兰高地山头位置及其和大马士革的距离,直线距离只有65公里

图59 以色列和叙利亚的停火线和UNDOF，红圈是我们抵达的高地（海拔1158米），这一带的最高峰

在理解了，其实戈兰高地已经很客气了。既然眼镜和水管子都安好，我就放心了。赶紧撤退吧，说不定一会儿叙利亚的阿萨德[1]来凑热闹了。虽然这不太可能，但是天气就不好说了。有言道"山雨欲来风满楼"，看来放之四海而皆准。楼虽然没有，风绝对肆虐。赶紧沿着那陈旧失修的山路下山。

天空越来越暗，接着就下起了大雨。我们这么乐观的，就不拍这大雨的景色了。我们没有原路返回，尽管风雨交加，但是不能错过景色。于是沿着戈兰高地的98号公路向北开到头（图56），然后向西。最后连滚带爬逃离了戈兰高地。

我开车时总在想着那倒霉的假设：如果在这个地方轮胎被扎破了，我们换轮胎就得成落汤鸡了。这样的可能性确实不低，那公路真的不可恭维。一个小时后，雨停了，我们虽然跌跌撞撞，但是完好无损地逃离了戈兰高地。我们回望戈兰高地，居然又看到了彩虹（图62），和今天

[1] 巴沙尔·阿萨德（Basharal-Assad，1965年9月11日－），现任叙利亚总统兼武装部队总司令，已故前总统哈菲兹·阿萨德之次子。

图62 风雨交加后回望戈兰高地，时间14:54

图60 军事基地附近的以色列士兵

图61 在戈兰高地我们可以抵达的最接近停火线的山头，面对叙利亚和大马士革方向

早上的情景有点相似。

4.5 天国八福

我们从戈兰高地下来就直奔"天国八福"(Beatitudes)。这也在塔布加这个区内，距离上午拜访的"五饼二鱼堂"和"彼得就职堂"很近，只是在距离加利利海较远的山坡上。这里的建筑和景色非常优美（图64）。一群不知来自哪个国家的嬷嬷们在开心地拍照，几对年长的伉俪在悠闲漫步（图63），一批来自亚洲的朝圣者在熙熙攘攘。一块写着韩文的赠送纪念牌提醒着我们，韩国有着在亚洲人口比例最大的基督教信徒。

从"天国八福"出来后几分钟，我们就到了 Domus Galilaeae（图65、图66）。这是一个为了基督教组织举行讨论会和聚会建造的设施，似乎也有常驻的人员。我一开始以为是神学院。我们碰到一个

图63 几对伉俪漫步在天国八福

图64 这里真的有点天国的味道

图65 Domus Galilaeae,面对加利利海

图66 在Domus Galilaeae的保罗二世的铜像

图67 达·芬奇的《蒙娜丽莎》（1506年）是一幅相当小的画，而《迦拿的婚礼》是一幅巨幅油画。2009年11月摄于卢浮宫

图68 卢浮宫里的《迦拿的婚礼》正好陈列在《蒙娜丽莎》的对面，2009年11月摄于卢浮宫

从别的国家来到这里接受培训的很年轻的神职人员，他们确实在这里学习。保罗二世曾经很关心这里，也曾来访这里。为了纪念他，还为他立了一座铜像（图66）。

4.6 在迦拿想起了文艺复兴和古希腊

接着我们要去的地方，是我很久以来都想去看看的，这就是迦拿（Cana）。这念头始于卢浮宫里的一幅画，这幅画是按照《圣经》里的陈述绘制的，亦即《迦拿的婚礼》（图68）。其在卢浮宫陈列的位置，正好在《蒙娜丽莎》的对面。《蒙娜丽莎》（图67）作于1506年，《迦拿的婚礼》作于1563年。

它们之间的对比反差很大：一个超大，一个很小；一个以宗教为内容，一个以世俗为理念；往往前者的观赏者漫不经心，全然不往心里去；而后者的观赏者全神贯注，却百思不得其解。至于达·芬奇的这幅《蒙娜丽莎》为什么这么重要和著名，我们将在最后一章（12.3.3）阐述。

但是无论如何，《迦拿的婚礼》也是一幅伟大的作品。那壮丽雄伟的建筑和奢华美好的婚礼，给人以极深的印象。这个婚礼的举行地就在迦拿。这就是我们要造访迦拿的理由。我一直以来都有这样的一个疑问：当时的婚礼现场，真的如同油画中那样吗？我也自己回答过几次：根据史料，这是不可能的。

其实，油画中这样的建筑，只能在古希腊和古罗马的重镇才可以找到，而在处于几大文明边缘地带的以色列，这样的宏伟建筑是不可能的。果不其然，我们并没有看到任何像样的遗迹，眼前这座教堂实际上是在19世纪末建造的（图69）。

这个婚礼教堂之所以重要，是为了纪念耶稣在这一带再一次显示了神迹——把水变成了葡萄酒。这个神迹和在"五饼二鱼堂"那个地方用"五饼二鱼"让5000人吃饱的神迹如出一辙。油画上的建筑和

图 69 迦拿婚礼教堂外

场景，显然是经过了浪漫的再创作（图68）。

如此《圣经》故事，食品酒水，吃饱喝足。这样的主题我们应该很熟悉，隐约间"民以食为天"的内涵呼之欲出。由此看起来以色列也是一个"以食为天"的民族，而华夏民族就是一个"以食为天"的民族。只是以色列创造了上帝而华夏没有，因此当年的以色列，并不完全是一个"以食为天"的民族。

从这个角度而言，古希腊人确实与众截然不同。翻遍荷马史诗的《伊利亚特》和《奥德修斯》，也找不到这样把食品置于如此重要地位的章节或情节。相较于号称"新月沃土"的埃及和两河流域，古希腊的土地是相对贫瘠的。当时的古波斯大王大流士（Darius）和薛西斯（Xerxes）百思不得其解，为什么这些穷乡僻壤的人居然坚决不放弃自由去换取波斯承诺的慷慨物质回报。波斯大王觉得匪夷所思，终于恼羞成怒，于是挥师西进。

两个波斯大王，两次入侵希腊，两次惨败。尽管他们短暂占领了雅典，并且烧毁了雅典卫城，但是最后还是被古希腊联军打回原形。温泉关之战、马拉松战役、萨拉米斯海战，这些彪炳史册的壮举捍卫了自由的价值，因此成为了后世永恒的赞叹。

波斯的入侵，导致了150年后的亚历山大大帝的终极报复。亚历山大大帝的马其顿方阵和长矛，一路向东，所向披靡。格拉尼卡斯战役（Battle of the Granicus）、伊苏斯战役（Battle of Issus）和高加米拉战役（Battle of Gaugamela），彻底摧毁了波斯阿契美尼德王朝（Achaemenid Empire）。

亚历山大大帝是一个宽宏大量的人，这或许与他的导师是亚里士多德有关，他在伊苏斯（Issus）战役中打败大流士三世并俘虏了其妻女，她们以为紧接着将是亚历山大的官兵对她们的虐待和羞辱。但是，亚历山大善待了她们，给予了她们皇族的礼遇。亚历山大也善待了波斯的老百姓和投降的官兵。但是，后来他还是烧了波斯波利斯（Persepolis）。也许其理由之一就是，你烧毁了我们的雅典卫城，我就烧了你的波斯波利斯都城。好像这符合《圣经·旧

图70 波斯波利斯（Persepolis）遗址，伊朗境内（F Couin/wikipedia/CC BY-SA 4.0）

约》的原则——"以牙还牙，以眼还眼"，而不符合《圣经·新约》的原则——"有人打你的右脸，那连左脸也转过来由他打"。

也许那天晚上喝多了，也许有人出了馊主意，也许他真的要波斯为烧毁雅典卫城付出代价。不管是哪一种，我都觉得这是亚历山大大帝伟大一生中的一个污点。亚历山大是一位伟大的建设者，但是在这个问题上却成了破坏者。

今天的波斯波利斯，遗迹尚存，从其断壁残垣可以窥见波斯当年的强大富饶和不可一世（图70）。应该指出，波斯的阿契美尼德王朝并不是一个残暴的帝国，其统治不无宽容。波斯打败巴比伦后，允许在巴比伦服苦役的犹太人回到自己的故乡，去建设他们自己的圣殿和崇拜他们自己的神祇。犹太人对此感恩戴德，至今不忘，但是，对波斯后代的伊朗，却视如仇雠。

波斯阿契美尼德王朝的波斯波利斯，未曾谋面，后会有期。

五饼二鱼让5000人吃饱，水变酒让婚礼上人人喝得开心。久远的历史传说，令人心生憧憬，但是现实让人自惭形秽。我们一天下来，几乎没吃没喝，因为我们没有遇到神迹。

赶紧去找吃的。我们驱车回到了提比利亚，在加利利海边找到一个餐馆众多的地方，在附近停好车，然后步行去餐馆。记得当晚找到的那家餐馆的饭菜很可口，还有加利利海里的鱼。

餐毕去停车场的路上，明月在云层里时隐时现，总觉得今夜有点特别。不觉自问"今夕是何年？"忽然想起，今天是正月十五元宵节，今年是庚子年。我们今天在欧亚大陆的另一侧，虽无"元宵共团圆"，但有"明月同此时"。

无可救药的我们，又没有拍下美食的照片，这次更彻底，连票据也没有拍下来。但是，我们没有忘记我们更感兴趣的事情，测一下我们所在的加利利海岸边的经纬度和海拔高度。我们的位置在海平面以下210米。其实我们早就知道加利利海的水平面是海拔-212米。

明月几时有，把酒问青天。……不应有恨，何事长向别时圆？

苏东坡这老头真不嫌事儿大。比他还不嫌事大的还有那个口口声声：

举头望明月，低头思故乡。

却绝不回故乡看看的出生在中亚碎叶的家伙，对，就是李白。

那个碎叶城，居然到提比利亚和到长安的距离差不多相同。

5

提比利亚-死海-迪莫纳

旅行时间：2020-02-09 星期日

5.1 提比利亚

直到今天（2020-02-09），我们才得以比较从容地欣赏一下提比利亚驻地周围的景色。前天到时天色已晚，昨天早上天气不好，又匆匆忙忙，昨晚回来更晚了。今天要离开了，才有时间审视一下我们驻地和周围。天高云淡，风和日丽。

我们的驻地在山坡上，海拔105米，而湖边市中心的海拔是-200米，加利利海的水平面海拔是-212米。我们在湖边自测的海拔是-210米。而我们驻地到湖边的直线水平距离只有1.9公里，可见这山坡还是很有一点坡度的，平均9.41°。

我们周围这一带提比利亚的房子都不错。一眼望去，远近的房子都体现出富足和优雅（图71）。

我们租住的房子价格也还可以，一共两晚合5000人民币。八个人住，考虑到以色列是一个物价很高的国家，这确实还是很合算的。只是现在由于六人不能成行而变成了两个人住，就有点奢侈和性价比不高了。

第三章最后一部分已经向大家展示了二楼那个大舞台式的卧室等，现在展示一下一楼的客厅（图72）。空间确实很大，一共有五个卧室，还有一个客厅。除了楼上两个卧室我们用了，厨房和起居室用得很少，别的都确保没有碰。

想起了《陈奂生上城》这篇小说，把陈焕生的阿Q心态描写得入木三分。如果是陈奂生，那么他肯定会每三个小时醒来换一个房间，保证把每个房间都睡了，走的时候还要把所有东西都弄脏，这样心里才觉得物有所值。否则付了八个人的房子的钱，却只用了两个人的东西，那陈奂生肯定觉得太亏了。陈奂生的心态并没有远离鲁镇。他不是一个坏人，只是觉得自己被不公平地对待，于是要以牙还牙。但是，我们社会有这样一些人，他们没有勇气对强大的丑恶说不，却足够阴暗对弱小的无辜作恶。

华夏在过去的两千年，逐渐混成了一个互害的社会，也许缺乏宗教信仰是原因之一。宗教信仰有助于培养一个互助的社会，而基督教在这方面做得最好。在西方有各种教会主办的社会公益组织。当然，我并不认为宗教信仰是一个必要条件，在古希腊，远在基督教之前，人们提倡博爱精神，其中一种爱，叫作Xenia，也就是对素不相识者的兄弟之爱，不问出处，不求回报。

我们坚信西方人的想法："What goes around, what comes around."这句话可以翻译成"善有善报，恶有恶报"，但是在很多地方，已经很少有人相信这点了。

房间里有房东提供的咖啡，我们自己昨天在超市里买了一些食

图71 从驻地阳台向东北方远眺,正前方的山地就是戈兰高地。邻居的房子都不错

图72 驻地一楼的客厅,加利利海和戈兰高地的景色直接收入室中

品，早餐就这样对付了。

当我们离开的时候，犹太房东来了，还带了一个帮工，看起来像是北非人。手里拿着各种工具，阵势不小。他可能觉得这八个中国人肯定会把房子弄得和战场一样。来了一看，有点惊讶。他不太会说英语，半天没蹦出几个单词。看那表情，反正很满意就是了。我想这个犹太房东这次肯定对华人游客刮目相看。我们觉得如果华人都像我们，形象肯定大大提升。有人说，你这样做没用，别的华人照样让当地人感觉很差。我说这世界上不是什么东西都必须立即有用的。

你看人家古希腊人，他们就不求有用。当时他们搞的那些几何和数论等等有什么用处？过了两千年后，我们才发现人家如此高瞻远瞩。你的言行距离直接功利的远近，就是文明程度的高低。

今天的计划旅程是：向南，路过耶利哥，沿着死海，到马萨达国家公园，然后去死海的度假村看看。这一程是全程旅行中唯一没有订好住处的，我们打着如意算盘，到时候再看住在何处最好。结果是计划赶不上变化，我们最后去了一个完全没有在计划中的沙漠里的小城迪莫纳（Dimona）住宿。此乃后话，暂且按下不表。

这是一段从"奶蜜之地"奔向"不毛之地"的旅途。我们将从淡水湖"加利利海"走向世界上最咸的湖"死海"（图73）。

让我们系好安全带——出发。

5.2 耶利哥和出埃及

我们11:00多出发，慢慢就开始感到了"奶和蜜"逐渐消失。在13:00左右，我们路过了杰里科（Jericho，也就是汉译《圣经》里的"耶利哥"），随即彻底从"奶蜜之地"进入"不毛之地"了。

当年犹太人出埃及，相信上帝许诺他们"流奶与蜜"的地方，即所谓"应许之地"。这是他们3000年前进攻耶利哥的理由，也是后来犹太复国主义（Zionism）的根据。他们从"不毛之地"辗转走向"奶蜜之地"，而我们现在绝对是倒行逆施。但是我们这个不算是开历史倒车。

我们路过了"耶利哥"（Jericho，图74），但是没有进去。路过而不入，并非我们不想入，而是我们不知道如何入。这是巴勒斯坦人的地盘，即大名鼎鼎的"约旦河西岸"（West Bank），亦即阿拉伯穆斯林聚居的地方，大家耳熟能详，究其原因，多半是由于暴力事件。长久以来，一听到"以巴冲突"，就少不了"约旦河西岸"。我们一直在"约旦河西岸"行驶。虽然这一带都属于"约旦河西岸"，但是以色列对高速公路有控制权。高速公路以外，就不由以色列控制，而是由巴勒斯坦政府控制。

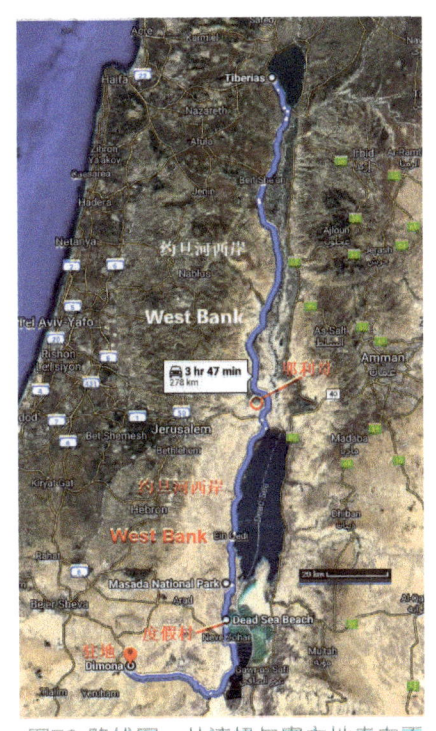

图73 路线图，从流奶与蜜之地走向不毛之地。约旦河西侧的由虚线确定的区域，就是"约旦河西岸"

我们在旅行前，直到昨天，都一直在查找去耶利哥的走法。但是在谷歌地图上永远显示"无法找到道路"。我们知道，这不是地理的原因，而是政治的原因。不是没有路，而是有人为障碍。于是，我们放弃了自驾去耶利哥的想法。

驾车路过耶利哥时，路旁的指示牌"Jericho"赫然入目。显然，路是有的，只是不许随便入内。我们悻悻然，于是到了一个休息地，停车近距离体会一下也休息一下（图75）。这时，死海已经映入眼帘。这里，海拔已经降到了海平面以下390米（图76）。而我们看到的死海水平面是海平面以下430.50米。我们的停车地，距离耶利哥

图74 如今的耶利哥（Jericho，杰里科），(Daniel Case/Wikipedia/CC BY-SA 3.0)

9.9公里，距离死海1公里。

这个休息地，我们此后还要再三到来，因为其在一个非常重要的路口（图76）。我们从死海到耶路撒冷也将在这里休息，我们从耶路撒冷去约旦也要停留此处。

和耶利哥擦肩而过，又停在近在咫尺的地方，那么让我们先谈谈耶利哥。要谈耶利哥，就要从《圣经·旧约》的"出埃及记"谈起。而耶利哥城的建立，远远早于传说中的以色列人"出埃及"。

耶利哥据说是世界上最早的城市之一。在史前10000BC的石器时代，就有人在这里聚居。从那时开始，在所有的时期（新石器、青铜器、铁器时代），那里都有考古证据表明有人类的聚居。但是可以肯定的是，这个城市的源头和以色列人没有什么关系。

从"出埃及"后，耶利哥才和以色列人有了关系。所谓的"出埃及"，也就是《圣经·旧约》上记载的"出埃及记"（Exodus）叙述的故事，说的是以色列人在埃及被法老奴役，最后忍无可忍，于是在摩西的带领下逃离埃及。在逃离之前还有一系列的传说，比如"逾越节"（Passover）的来历等。我们只说逃出埃及后的事情。

但是，整个出埃及的时间和路线都众说纷纭，这里的图表展示

图75 我们途中的午餐地点就在死海和耶利哥附近

图76 午餐地点的附近景色,那片水域就是死海,时间 13:16

的只是其中的一部分（图77）。可见，不仅时间说法不一，路线也莫衷一是。甚至那个不可思议的摩西祷告于是上帝劈开红海海水、让以色列人如履平地渡过红海的地点都不能确定。

在公元前1200年左右的事情还记载得如此众说纷纭，令人怀疑其真实性。果不其然，考古界的共识是，确实没有任何考古证据表明，曾经在任何时期有大规模的以色列人逃离埃及的历史事件。那么我们只能以《圣经》的记载来复述这一传说。

出埃及后，大约在第47天，"英明"领袖摩西在西奈山上得到了上帝的指示"十诫"。此后40年，以色列人在现在的埃及苏伊士以东和以色列南部到处流浪，摩西也在这40年里去世了。最后以色列人根据上帝早就给予以色列人的承诺，找到了方向，去"流奶与蜜"的地方定居，这就是迦南地区。而耶利哥就是进入迦南的门户，也是出埃及的最终目的地。就这样，经过出埃及后40年的颠沛流离，以色列人最后抵达了耶利哥。

按照圣经的年表，以色列人进攻耶利哥应该是公元前16－13世纪，比较可靠的是在1230BC[1]。《圣经》记载的以色列人对耶利哥的进攻方式令人忍俊不禁，此后的大屠杀令人发指。《圣经·旧约》的"约书亚书"是这样描述的：以色列人在耶利哥城外，绕城吹号，一连吹了六天。第七天接着再吹，耶利哥的城墙就塌了，于是以色列人就胜利地攻入了城内（图78）。然后就把城里的男女老少一个不留地都杀了。

吹号吹塌了城墙，这估计是吹的最高境界了。大凡吹牛，无外乎五种：边吹边干，先吹后干，先干后吹，干了不吹，吹了不干。只有"吹了不干"是不可取的，别的都可以接受。以色列人属于"先吹后干"和"边吹边干"。尽管最初无中生有捕风捉影，但是毕竟后来还是奋发图强的。

但是，这个事件从如下几个方面（W5）都是有疑问的：

---

[1] http:www.linearconcepts.com/theology/bible-timelines/exodus-tates

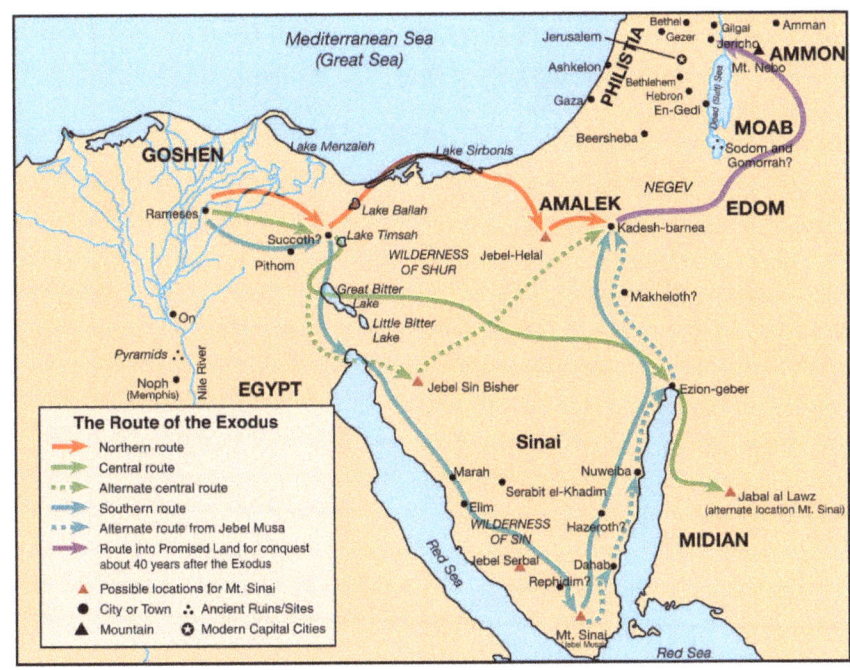

图77 基于《圣经》的其中数种"出埃及"路线图。Tyndale House Publishers 授权使用

图78 以色列人攻陷耶利哥,连续六天,拉比们扛着装有和上帝契约的神龛,号手们吹号绕城。Public domain

1）When：有的说出埃及是 1446 BC开始，但有的说是 1270 BC 开始，莫衷一是。有共识的是，都颠沛流离40年；

2）Who：到底有多少以色列人参与了出埃及，这是非常不确定的。《圣经》研究说是几十万到二百万都有，但是从考古的角度，没有任何证据表明有大规模的以色列人迁徙出埃及；

3）Where：出埃及的路线众说纷纭（图77），据说上帝劈开红海水以形成陆路，让摩西带领以色列人跨越红海。但是这个渡海位置莫衷一是。

4）What：以色列人最终抵达了耶利哥这个地方。按照《圣经》的说法，以色列人吹塌了城墙，攻占了耶利哥。但是考古证据却显示耶利哥在以色列人抵达那里两个世纪前就已经被毁灭，而且直到1250 BC左右都没有被重建。

5）Why：有太多的为什么，这正是我们要思考的问题。

还好，考古证明，耶利哥这事情纯属胡吹，否则这大屠杀罪怎么处理？著名考古学家William G. Dever如是说：攻陷耶利哥的故事是"凭空捏造（invented out of whole cloth）[1]"。他对《圣经》考古的一些看法也非常犀利[2]。

和《圣经·旧约》对耶利哥的攻陷和屠杀的描述形成鲜明对照的是古希腊的《荷马史诗》对特洛伊战争的描述。在《伊利亚特》的最后，不是对敌人的报复，也不是对胜利的鼓吹，甚至连胜利都没有到来就结束了。结尾描述的竟是敌方英雄的葬礼。这是一个什么民族，不鼓吹自己的胜利，甚至懒得描写自己的胜利，却去审视人的缺点和艰难的历程？《荷马史诗》和《圣经》相比，立分高下。

严格地说，《荷马史诗》和《圣经》都是传说。由于古希腊人对自己的神的批判质疑和调侃不恭，《荷马史诗》被称作了"神话"。而以色列人对自己的神五体投地和坚信不疑，于是《圣经》被称作了"真理"。**《荷马史诗》以神的名义弘扬了批判和憧憬，而《圣经》**

[1] https://en.wikipedia.org/wiki/Battle_of_Jericho
[2] https://en.wikipedia.org/wiki/William_G._Dever

以神的名义昭示了服从和功利。于是前者导致了"理性"，后者变成了"信仰"。理性不需要"服从"，只需要"批判"；而信仰不需要"真实"，只需要"虔诚"。

如果说西方文明基于犹太－基督教传统，那是偏颇的。西方文明是基于古希腊传统。现代基督教是被古希腊价值改造后的基督教，而不是最初那个基督教。正是现代基督教的古希腊价值，才使得近代的进步成为可能。所谓"文艺复兴"（Renaissance）复兴的是什么？就是古希腊的价值。所谓"启蒙运动"（Enlightenment）启蒙的是什么？就是古希腊的精神。可谓：世无古希腊，万古长如夜。

请不要以为我对基督教不恭，这是我一再强调的。我可以在这里引用一段我非常欣赏的"出埃及记"中的文字；在美国司法上可谓"最黑暗的一天"（2021－04－20）[1]，这段文字尤其高瞻远瞩。

"出埃及记"（和合本）：

23:1 不可随伙布散谣言；不可与恶人连手妄作见证。（You shall not spread a false report. Do not join the wicked by being a malicious witness.）

23:2 不可随众行恶；不可在争讼的事上随众偏行，作见证屈枉正直；（You shall not follow the crowd in wrongdoing. When you testify in a lawsuit, do not pervert justice by siding with the crowd.）

23:3 也不可在争讼的事上偏护穷人。（And do not show favoritism to a poor man in his lawsuit.）

虽然我们可以说以色列人只是照抄了这在汉谟拉比法典和此后陈述的自然法条文，但是，选择这些文字编入这样一本影响后世的文本，也算功不可没。

---

[1] 2021－04－20 一位警官的二级谋杀诉讼中，左派政客无视司法程序对陪审团施加压力。

5.3 死海

继续向死海南部前进。很快我们到了一个以色列的检查站。我们以为必须停车接受检查，结果下车后，几个士兵说，你们可以直接过去。过了检查站，我们把车停在死海边，拍几张照片。死海西侧的地貌，大概和火星表面有一拼，几乎寸草不生。一个地区的植被如此贫瘠，令人不寒而栗（图79）。

继续前行。我们很快到了Ein Gedi，位置见地图（图73）。这也是一个基布兹（Kibbutz），亦即以色列版的"人民公社"。我们到了其大门，好像是一个大的小区的门。看见大门有栏杆，我们又没有理由进去，只好作罢。我们在外面一个视野好的地方（图80），拍了几张照片（图81）。

这个基布兹看来没有什么农业可以从事，也许主业是旅游业吧？以色列有这么多的基布兹，看来犹太人对人民公社情有独钟。

图79 死海西边的地貌，几乎寸草不生，时间 13:59

当然，他们的人民公社和华夏曾经的有所不同。但是，所有的左派都只是程度上的不同，没有本质上的不同。"始于乌托邦，终于古拉格"，这是左派的宿命。

基布兹（Kibbutz）运动，有着和目前美国激进左派几乎相同的理念和实践。消灭私有制，公共抚养孩子，公共食堂，平均分配……都和布尔什维克运动以及社会主义如出一辙。基布兹的理念很可能和犹太教有着深厚的渊源，但是和后来的基督教格格不入。正是由于这点，我才欣赏后来和现代的基督教，而不是奥古斯丁前的基督教。

基布兹是一个很大的话题，也是一个需要深入研究的历史和现实现象。现在以色列还有十万人生活在这个制度中。这个制度背后的理念就像病毒一样，毁坏了一个地方，进而扩展到别的地方。经历过它的人，多深受其害因此深恶痛绝；未经历过它的人，误以为美好而趋之若鹜；而斯德哥尔摩综合症患者，深陷其中不能自拔。

我们算好了时间，可以赶上马萨达（Masada）的参观。但是，到了马萨达才发现，人家15:00就不许进人了，这下打乱了我们的计划。我们只好等到第二天再来这里。那么今晚住在哪里呢？死海边我们肯定是要去的，于是我们就直奔事先看中的死海度假村（图73）。

5.4 死海度假村

死海风光，可圈可点。死海"沙滩"，独一无二，那实际上是盐滩（图82）。死海的水，盐分已经达到饱和，一旦降温或者水分蒸发，盐就析出。死海的盐度是34.2%，也就是说每公斤死海水里有342克盐，因此死海水的比重高达1.24，任何人都可轻松惬意地漂浮在水面上（图83）。当然，你一旦加入了无产阶级先锋队（共产主义者），就不行了，因为你是"钢铁"做成的，比重一下子就是7.87了，一定会沉下去；还有，你要是国学学多了，也不行，因为你是"花岗岩"脑袋，比重2.75，也浮不起来。

有几个不怕冷的游人，跳入死海里享受那绝无仅有的浮力（图

图80 死海边上的Ein Gedi地图,红色不规则框内是Ein Gedi基布兹

图81 Ein Gedi的基布兹集体农庄,时间 14:22

图82 死海度假村的"沙滩"上,对面是约旦。沙滩实际上是盐滩,水很清,看不出异样

图83 天气很冷,但还是有人去尝试一下死海的浮力

83)。参考我们穿的衣服,可以大致估计气温和死海水温。夕阳西下,我们对着阳光以死海为背景照了一张相。很凑巧,不,是必然地,我们又遇到了彩虹(图84)。我们看到一些绘画上,耶稣出现在哪里,光环就出现在哪里。居然我们也得到了几次这样的待遇。

在这落日里,我们还是没有确定当晚的住处。度假村是可以住的,偌大的度假村,几乎门可罗雀,但是我们觉得不够刺激。于是我们在网上找到了一个民宿,距离这里不到70公里,在一个我们从

图84 人走到哪里，彩虹就出现在哪里，15:22

来不知道的小城迪莫纳（Dimona）。去沙漠里的小城溜达一圈，听起来是个不错的主意。

有了住处，心里踏实了，于是我们就几个感兴趣的问题开始了讨论。我们讨论如何让正在消亡的死海起死回生。

5.5 死海正在重复咸海的悲剧？

死海的今天，令人想起咸海（Aral Sea）的悲剧。咸海是位于中亚原苏联境内（今哈萨克斯坦和乌兹别克斯坦之间）的一个大咸水湖，曾经的世界第四大湖，而现在几乎消失了。原因就是苏联笃信的"人定胜天"的壮举。当时的苏联，以在地球上建立"人间天堂"的伟大气概，把流入咸海的两条河流改道去灌溉农田。苏维埃的集体农庄比以色列的基布兹更大更激进，后来，苏维埃的基布兹（集体农庄）搞大了搞多了，结果，全部都搞砸了。不可思议却情理之中，这么一个大湖，到了现在已经几乎消失了（图85）[1]。我衷心希望这个错误可以被纠正过来，从而这个大湖可以最终起死回生。

鲁镇的"基布兹"（人民公社）就不要再提了吧？！

这个世界上只有两种东西是无限的——愚蠢和贪婪。

---

[1] "International Symposium on Ecological Restoration and Management of the Aral Sea," https://www.careinstitute.org/events/international-symposium-on-ecological-restoration-and-management-of-the-aral-sea/, 24 Nov – 25 Nov 2020

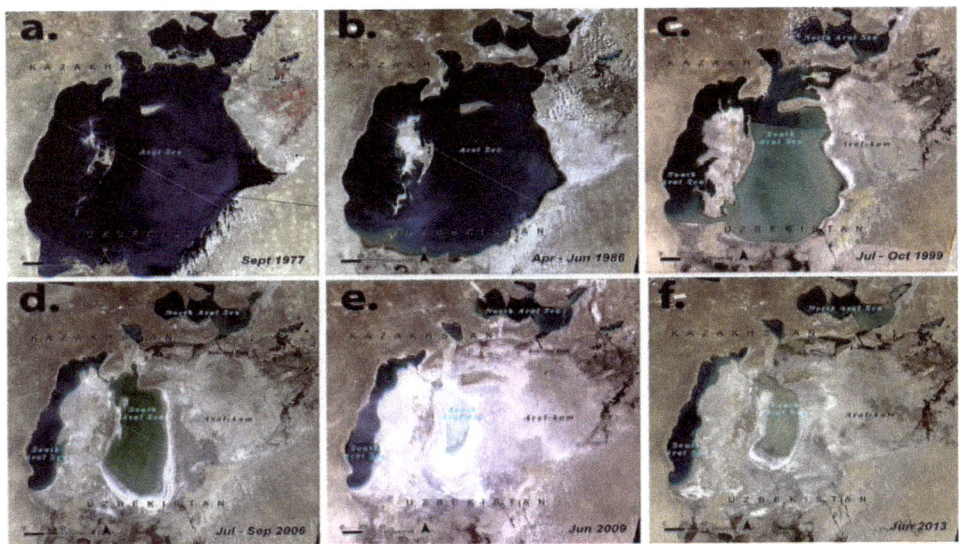

图85 咸海（Aral Sea）的消失。一个世界第四大湖，居然在不到半个世纪内就被折腾得奄奄一息（NASA/public domain）

现在我们来看看死海的"完犊子"节奏（图86）。约旦河的年流量，曾经是13亿立方米，但是到了2010年，每年只有大约2－3千万立方米的水流入死海，而死海的蒸发量几乎是每年20亿立方米。因此，死海的水位几乎是在以1米/年的速度下降。死海这样下去就真的死了，难免如同中亚的咸海。BBC的一篇"耸人听闻"的报道其实并不令人吃惊。[1]

为了拯救死海，人们设想了不少方案。以色列和约旦就有一个死海引水拯救计划，即从红海开渠引水到死海[2]。这个计划的实施主要由约旦进行。但是，到了2020年我们在以色列旅游时，仍然毫无动静。

于是我和柳L讨论了一个引水方案，那就是从地中海引水到死海，直线距离只有不到80公里（图87）。

死海的海拔是－430.50米，相对地中海落差430米，于是有

---

[1] Kevin Connolly, "Dead Sea drying: A new low – point for Earth," https://www.bbc.com/news/world-middle-east-36477284, 17 June 2016
[2] Dead Sea Canal, https://de.zxc.wiki/wiki/Totes-Meer-Kanal

5.4/1000的坡度，足够保证水流畅通无阻。5米净直径的隧道应该够了。以2.5m/s的流速，流量就是15亿立方米/年。这样的流量，加上约旦河以及别的小水源和雨水，足以使得死海得到补充，从而维持甚至提高死海的水位。而且，这样的高差可以用来发电。水源可以补充死海，能源可以淡化海水。

我们后来发现，从地中海引水到死海已经有人在1975年提出过[1]。看来我们的直觉和想象没有错。我们不知道为什么这样看起来切实可行也势在必行的方案还没有得到落实。如果指望约旦开工从红海引水入死海，那真的是猴年马月的事情了。我们的设计肯定靠谱多了。让我们拭目以待。

我们对此有些感慨，为了抢夺水域，人类不惜战争，无所不用其极。但是为了拯救水域，人类相互推诿，漫不经心。这是一个极度的反差。

像我们这样忧国忧民的旅游者，好像并不太多。估计是我们吃饱了撑着，没事找事，闲得蛋疼。

5.6 沙漠小城迪莫纳

看着不早了，我们便出发去今天临时选定的目的地。途中景色，凄凉无比（图88）。这就是以色列人出埃及后游荡了40年的荒野。设身处地，我们终于可以理解：为什么以色列人要到那"流奶与蜜"的地方去。我们今天朝着相反的方向，走了小一半的"出埃及"（Exodus）旅途，从"流奶与蜜"的上帝应许之地，到了荒凉凄惶的沙漠地带。

"奶蜜之地"和不毛之地之间，对于我们今天的交通工具来说，是一段短途。我们今天几个小时便完成了旅程。对于当年的以色列人，这是一条历经几十年的艰难旅程。

---

[1] Mediterranean – Dead Sea Canal, https://en.wikipedia.org/wiki/Mediterranean%E2%80%93Dead_Sea_Canal

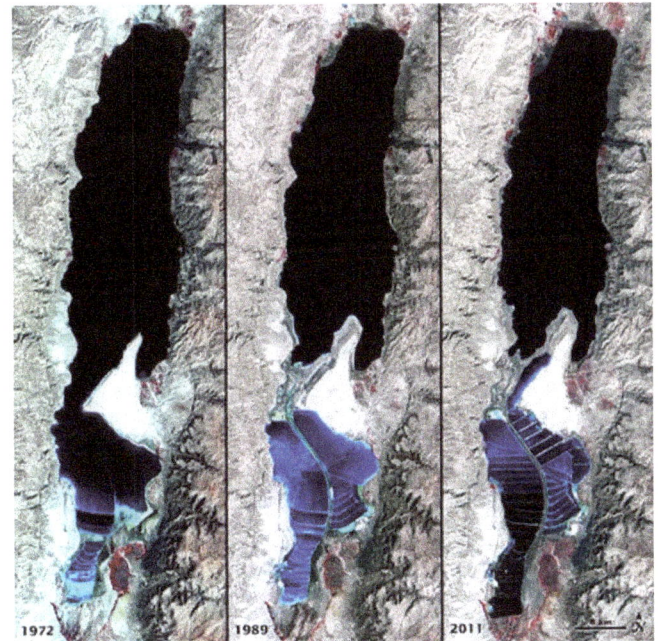

图86 死海40年的缩小变浅（NASA/public domain）

图87 我们设想的由地中海向死海引水路线图

图88 从死海到迪莫纳途中的风景

从死海度假村出发,一个小时就到了迪莫纳(Dimona)。这是一个沙漠中的小城,不过城内倒是没有沙漠的感觉。我们对驻地并不很满意,但是,就一个晚上,凑合了。

和前几天一样,安顿了住处,就到处觅食,终于找到了一家不知是黎巴嫩的还是土耳其的肉夹馍餐馆。肉夹馍味道很好。就是没有照片,没法更好地馋馋你们。

天色已暗,在《圣经·出埃及记》的原产地,不禁想起欧亚大陆的东边,在"出埃及"后2007个年头的737 AD,有人写了可以表达此后又过了1283个年头的此时此景的诗句:

大漠孤烟直,长河落日圆。[1]

---

[1] 唐·王维·《使至塞上》:单车欲问边,属国过居延。征蓬出汉塞,归雁入胡天。大漠孤烟直,长河落日圆。萧关逢候骑,都护在燕然。

6

迪莫纳-马萨达-耶路撒冷

旅行时间：2020-02-10 星期一

今天的任务不重，只有一个景点——马萨达国家公园，然后就去耶路撒冷。满打满算三个小时的车程。但是，今天要还车，因为我们在特拉维夫机场租车时，确定在耶路撒冷还车。还车处人地两生，所以还是需要早一点到耶路撒冷才好。明天开始，我们就不自驾了，而是随团去约旦，从约旦再回到耶路撒冷后，也就不需要车了，可以步行、公交或者打的。

 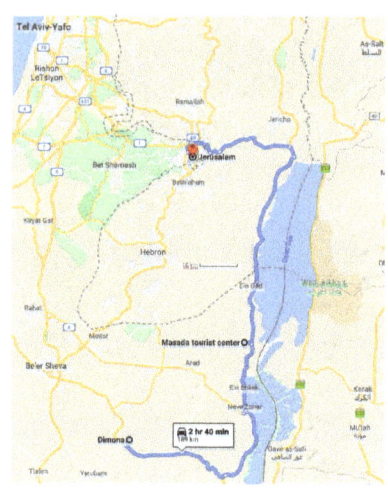

图89 原来设想的路线,从死海向西,走西侧去耶路撒冷。想过希伯伦(Hebron),但是路不通

图90 最后由于必须再回访马萨达(Masada),只好原路返回,然后到耶路撒冷

6.1 无法成行的希伯伦

  这次死海之行,最初我们设想的路线是南下时走死海边,"视察"马萨达和死海度假村后,向西从西侧公路北上回到耶路撒冷(图89)。但是由于马萨达前一天的过早关闭而导致无法游览,我们只好今天再次回到马萨达。这样,我们只好沿着原路北上,然后向西去耶路撒冷(图90)。

  早上吃了点啥都已经忘记了,肯定是没有什么值得记忆的。男人一起旅游,海阔天空非常带劲,特别是和柳L。但吃就是一个问题了。除了外面买东西吃,没有别的办法。这点,上海男人做得好的比例比较大,而东北大老爷们应该是最差,我们介于其间。这当然只是印象中的统计数据,如有冒犯,纯属自找,概不负责。

  估计柳L很想念"消防会议"。所谓"消防会议",是我们的一个典故,说的是2019年春夏之交,我们八个人的第一次中欧之行的一段轶事。那次确实组织和实施得非常好。一路景点,可谓美不胜收；途中美食，令人念念不忘。美中不足就是"消防会议"。我们四个男生，只有我绝对不抽烟。本来柳L已经很久不抽烟，基本戒掉了。但是由于另外两位的诱惑，他很高兴地重蹈覆辙。室内不许抽烟——不仅室内不许抽烟，就是楼里也不许抽烟。因此，如果没有阳台，就只能去大街或者后院抽。终于有一次在克罗地亚（或是波兰），烟感警报器响了。好在驻地管理员查了半天不知所以然，而那几个哥们拒不承认和他们抽烟有关，至今死无对证，但是十分可疑，至少我是这么想的。

后来，烟还是照抽不误，只是把这个集体行为美其名曰"消防会议"。每天必找露天场所，开几次"消防会议"。我不抽烟，因此觉得抽烟的都是"找抽"的节奏。这回好了，柳L开不成"消防会议"了。没人带头，他惦记也没用。一路上，也好好的。柳L对与会成员的想念不言而喻，那"消防会议"的美好，一定挥之不去。而我也很想念和他们的幽默对话和恶搞。不彼此弄一点恶作剧，那太没意思了。你总不能对女同学恶作剧吧？

在我们为了几餐饮食而费尽心机的时候，柳L和我最想念的就是那次同行而这次未成行的女同学了。如果女同学这次来，那还用得着我们每天每顿这么搜肠刮肚地黔驴技穷吗？我们肯定就会以开车查地图安排旅程为理由，每到一地就享受大老爷们的待遇：热饭热汤，无微不至。现在只剩想象了。

本来我们从死海南部向西，走西侧道路去耶路撒冷的一个目的是想经过希伯伦（Hebron），那也是一个著名的和《圣经》故事有着千丝万缕关系的地方。但是，每次我们在谷歌（Google）地图上寻找抵达那里的路线，都显示"无法找到路线"。但是，从耶路撒冷去伯利恒（Bethlehem，也在约旦河西岸），却是可以的。奇怪的是，从伯利恒去同在约旦河西岸的希伯伦，竟也显示"Sorry, we could not calculate driving directions from Bethlehem to Hebron"（对不起，我们没法找到从伯利恒到希伯伦的驾车路线）。

这是怎么回事？后来我们发现，谷歌其实是不准确的，这样做无非是政治原因，基本不反映现实。其实，从以色列是可以驾车进入"约旦河西岸"的，只是需要费一些周折。如果你要租车进入巴勒斯坦地区，如"约旦河西岸"或"加沙地带"（Gaza Strip），你需要和租车公司确定他们提供保险。据说只有一部分租车公司提供这样的保险。

好吧，希伯伦之行和耶利哥之行一样，机关算尽，未能成行，终于放弃。由于不是太聪明，所以尚留卿卿性命。

坚持还是放弃？坚持到什么时候放弃？这是一个问题。莎士比亚的台词"To be or not to be, that is the question!"（最准确的汉译是："土逼还是不土逼，这是一个问题。"）我们今天在马萨达，将会回顾当时的以色列人在面对罗马人的时候，是如何对待这个问题的。

坚持到底，其实是一句口号而已，不能当真。知道何时放弃，才是理性的选择。但是，一定要记得卷土重来。那些只知道放弃而不卷土重来的，是没有出息的。

马克·吐温调侃道："一般人都是在挖到距离金子六英寸的地方停止了挖掘。"我忘记了这出于他的《汤姆索亚历险记》还是《哈克贝利芬历险记》，总之令人忍俊不禁。我觉得最好的办法是，看看不行了就停止挖掘，回去租一台挖土机再来。

6.2 马萨达

于是，我们在11:00前赶到了马萨达。

一块介绍马萨达的信息牌，提醒了我们在第二章中关于凯撒利亚的叙述，当时提到了希律建造这个马萨达城堡的事情。眼前这篇介绍，有点令我疑虑重重。

第一段，纯属广告性废话，其逻辑也有点混乱：

马萨达上了UNESCO（联合国教科文组织）的'世界文化和自然遗产名单'，于是证明了其特殊的普世的价值。

原来这样？怪不得鲁镇到处申请"世界文化遗产"。

第二段汉译：

马萨达位于犹太国沙漠，高贵美丽，俯瞰死海，是自然屏障。它象征着古以色列王国，及其在公元73年的惨烈毁灭。这里是犹太爱国者对阵罗马军队的最后堡垒。

第三段汉译：

这是一个作为王宫的复合建筑物，采用了经典的早期古罗马帝国式样，由犹太国国王"希律大帝"（在位期间：公元前37－4年）建造。此处保留的军营、堡垒以及（罗马人）进攻所用的环绕（马萨达）的坡道，构成了现存于当今的最为完整的罗马进攻作品。

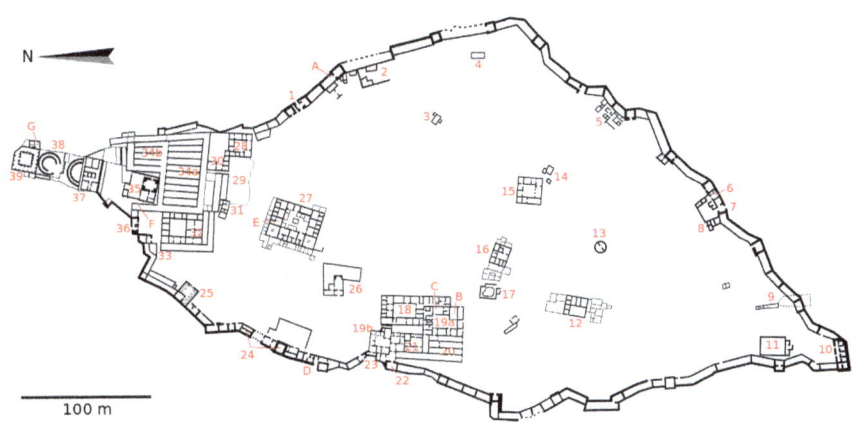

图91 马萨达平面图 (Kordas/Wikipedia/CC BY-SA 3)

我们买了门票，搭上缆车，飞向马萨达"王宫"。从缆车里看出去，可见有徒步上山的人。步行也是一个很好的选择，但是我们不知道"视察"需要多少时间，就选择了缆车以节省时间。几分钟就从山脚飞抵山顶。

在这样荒凉的地方建设王宫，总是令人生疑的。情理之中，好像谁也不太可能把王宫建造在沙漠里。回顾人类历史，所有的城市都建造在富饶的地方。而把军事要塞建造在沙漠里倒是比较可能，但不是王宫。所以我认为，这个马萨达，一开始就应该是作为城堡建造的。

我们亟需到现场看看，到底是什么样的王宫要造在这样的地方。我们到了山顶，从缆车出来后就看到这样的景色：我们的车就停在可见的山脚下，那就是马萨达国家公园的入口；向东望去，就是死海的中间部分（图92）。如果一个人每隔几年就到这个位置眺望死海，那一定可以目睹这几十年来死海水域的缩小。

图92 马萨达山顶眺望死海，方向正东，死海水域的缩小不容乐观

马萨达的鸟瞰图和模型（图93）让我们对这个城堡有了一个整体的概念。整个城堡在一个平台状的山头上，建筑遗迹已经所剩无几。而从这些遗迹可以看出，即便是当时，这些建筑也不令人瞩目（图93、图94、图95）。

虽然是冬季，在这么荒凉冷漠的山头上，还是有不少游人。这是以色列最著名的国家公园之一。马萨达的故事不管有多么悲壮，这里的景色和遗迹，都无法令人印象美好，但一定令人过目不忘。

就是这样一块地方，犹太人抵御了强大的罗马军团。这本身也算是可歌可泣了。但是，这是否值得？

草草地从建筑上看，这确实是一个城堡。但是马萨达城堡不像是那个年代的建筑，而更像是新石器时代的，建筑的质量乏善可陈。

马萨达城堡的年代，令我想起比此早1300年的迈锡尼城堡遗址。那是在希腊的伯罗奔尼撒半岛，迈锡尼遗址的建筑要比这好很多，规模也大很多（图96）。马萨达城堡和早于其更久的克里特岛上的米诺斯王宫也完全没有可比性（图97）。早于其2000年的米诺斯王宫要比马萨达城堡辉煌得多。如果这个城堡（王宫）代表了希律时代的建筑水平和审美观念，那么只能说希律时代的以色列确实非常落后。

建筑的落后并不是孤立的。建筑是工程和艺术的结合，缺少其一，就不可能有伟大的建筑。因此我们可以推论：在希律那个时代，犹太国也不可能有出色的艺术。这个推论也在马萨达得到了证实。

比如马萨达的马赛克地面（图98），完全无法和比其早的庞贝古城的马赛克地面相提并论。后者描绘了著名的古希腊统帅亚历山大和波斯大王大流士三世在伊苏斯（Issus）的决战（图99），原件被挪到了那不勒斯（Naples）的国家博物馆，在原地展出的是复制品。这是一幅非常著名的艺术品，不仅仅是由于制作的精良，也由于其反映了这个历史上著名的大决战。

图93 马萨达俯瞰（Andrew Shiva/ Wikipedia/ CC BY-SA 4.0）。小图中为周围地形模型，橙色圈内就是马萨达城堡山头。

图94 马萨达山顶,游人不少

图95 石墙上的黑色条纹表明上面部分是重建的

图96 希腊迈锡尼（Mycenae）遗址，1350 – 1200 BC，摄于2009年

图97 希腊克里特岛上米诺斯文明（Minoan civilization）的克诺索斯（Knossos）王宫遗址，摄于2013年

图98 希律时代的马赛克地面,和同时代的古罗马庞贝古城相比简直相差太远

图99 陈列在那不勒斯的国家博物馆的庞贝古城地面马赛克《伊苏斯战役》,摄于2016年

我记得当时（2016年）站在庞贝有着这幅马赛克的House of the Faun庭院里，面对这幅马赛克，感慨良多。历史的久远和庞贝的富庶，以及世事的沧海桑田和不可预测，一个瞬间被彻底毁灭的城市，却成了保存最完好的古迹。这个世界还没有任何一个古城保存得如庞贝这样完好，而这样的保存居然是通过残忍无比的瞬间毁灭而得以实现的。数千年前，被彻底毁灭和完好封存，然后在数千年后，展示给我们这些看似毫不相干的后人。

以色列在当时远远落后于周围的地中海文明，这是不争的事实。也许正是由于这种不甘落后和自惭形秽，导致了以色列人需要有一个很好的故事以激励自己。犹太人的《塔纳赫》（Tanakh）[1]，也许就是如此动机的产物。马萨达最终也未能在犹太圣经问世1500年后证明自己的辉煌，但是证明了犹太人的不遗余力的努力，也证明了希律作为一个地区行政长官的政治手腕和统治技能。

一个城堡最引人注目的是外观，但最重要的是生活设施。在这样的地理环境中，食物和水怎么办？

食物可以也只能由别的地方运来。这个地区无法产出粮食，也无法发展畜牧。这里几乎寸草不生，我看到的只有极少的一点植物，大概每100平方米有这么一棵。因此，这里不可能有畜牧业，更不可能有农业。早年在中国太行山，我都觉得那里是"不毛之地"了，但是比起这里的植被，太行山的黄土高原要好上百倍。那里至少可以放羊，成群的羊还可以找到草吃，只是要不断地行走，牧羊人因此尽管辛苦，但是羊群尚可吃饱。在马萨达这样的地方，估计连十只羊也养不活。我想，所谓"流奶与蜜"之地，肯定不包括这里，应该仅仅指约旦河上游戈兰高地西侧的加利利海一带。

---

[1] 即犹太教正统版《希伯来圣经》，后来的基督教称之为"希伯来圣经"或"旧约圣经"。《塔纳赫》由三个部分组成：1)《妥拉》（Torah），常称其为"法律书"，共五卷，通称摩西五经；2)《先知书》（Navim），意思是"先知们"，共八卷，记录了曾教导和带领犹太人的先知事迹；3)《文集》（Ketuvim），共十一卷，主要关于礼拜仪式、诗歌、文学、历史。"Tanakh"（塔纳赫）是这三部份经卷名称的略语组合。

而水就是另外一回事了，水不可能像食物一样运送到此地，因为量太大了。马萨达解决水源的方式还是可圈可点的。当时的犹太历史学家约瑟夫斯（Flavius Josephus，37 – 100AD）这样形容水的储存和供应：

> 在每一个居住地，包括山顶上和宫殿周围，以及城墙前，都在岩石上凿出许多大水槽作为水库，从而获得了像有泉水一样的充足供应。

城堡的西面比较高，那里的水通过建造的水渠，引到马萨达尽可能接近山顶的人工储水洞，再由畜力和人力运到山顶的城堡（图101）。进入山顶的要道被称作水门（Water Gate）。

这个供水系统让我想起古希腊的帕加马（Pergamon）的供水系统。帕加马的系统要早很多也先进很多，其建成于希腊化时期（Hellenistic period，323 – 33BC）的公元前二世纪（197 – 159BC）。帕加马的供水系统完全不需要人力或畜力，而是直接从海拔更高的水源通过水道（包括倒虹吸）等技术直接引到帕加马的山头城堡，每天的供水量在30,000 – 35,000立方米。

在帕加马古迹的文字说明上这样描绘当时的供水方式：

> 在希腊化时期，水的供应是通过一条由240,000个分段组成的总长达45公里的三通道赤土陶质管道，从北面的Madra Dag引到城堡对面的山头，再从那里通过一条能够承受20个大气压的铅管，越过中间的山谷抵达城堡最高点的蓄水池。

相比之下，马萨达的人工畜力取水方法就显得非常落后。这是预料之中的，因为犹太国一直就是地中海一带最不发达的地区。

马萨达不太像王宫，而更像一个要塞。这也许同时是希律的一个别墅（避难所）。希律当年在拍罗马皇帝奥古斯都马屁的时候（见第

图100 马萨达供水示意模型,从酉侧的山地开凿的高低两条水渠,引水到山顶的蓄水池(储水洞)

图101 人工开凿的蓄水池(储水洞),类似这样的有许多个

图102 古希腊著名城市帕加马（Pergamon）遗址，现在土耳其境内，摄于2009年

二章），就在这里建造要塞，确实让人充满疑虑。他也许是居心叵测准备日后和罗马为敌；更可能的是给自己造一个避难所，毕竟希律有很多犹太国内部的敌人。

就帕加马，也许我们应该再多说几句。希腊化时期，帕加马是仅次于亚历山大城的文化中心，其图书馆排名第二，仅次于亚历山大城。著名外科医生盖伦（Galan，129－216AD）就是帕加马人。虽然盖伦的年代已经是罗马帝国时代，但帕加马和盖伦都仍然被认为在文化上属于古希腊。

两千年后今天的帕加马，仍然带给我们以古希腊当年的气息和景致。帕加马的古希腊剧场还将在第九章提及。而原来在帕加马山顶的整个圣坛（Altar），都被搬到了德国柏林的博物馆。而那个博物馆就是以帕加马命名的，亦即"帕加马博物馆"（Pergamon Museum）（图103）。

图103 德国柏林的帕加马博物馆（Pergamon Museum Berlin）内的帕加马圣坛（Altar）

思绪一飞扬，就绕着地中海转了一圈，历经数千年。现在让我们回到马萨达。好了，吃的喝的住的都齐全了，就差招惹古罗马人了。

希律去世半个多世纪后的公元66年，一伙犹太叛乱者，称作Sicarii，攻占了罗马在马萨达的军营。公元70年，他们杀死了在耶路撒冷的罗马守军的一些士兵，然后从耶路撒冷逃到这个城堡。按照犹太历史学家约瑟夫斯[1]的说法，这些 Sicarii 团伙是犹太极端主义分子。他们还在附近的犹太人村庄，包括 Ein Gedi（第五章中提及），杀死了 700 名左右妇女和儿童。这听起来似曾相识，和义和团基本一样。他们只是犹太人中的很小一部分。他们被约瑟夫斯指责为"害了犹太国"。

这看起来很雄伟壮观的城堡，防守绿林盗贼是够了，但是，怎

---

[1] 约瑟夫斯（Flavius Josephus, 37－100AD），犹太历史学家。原为犹太军官，在反叛罗马的犹太战争中被俘后加入罗马军队，跟随征讨和平叛，并见证了公元70年罗马皇帝提图斯摧毁耶路撒冷城。晚年在罗马潜心研究圣经，专注写作。著有《犹太古史》《犹太战史》等

么抵挡得住古罗马人？这简直是"图样图森破"[1]。古罗马人继承了古希腊人的几何和工程，尽管古罗马在哲学和科学上无法和古希腊相比，但是其管理和军事那是前无古人。

这么个城堡，实在是小菜一碟。不，是窝头一个。本来，古罗马人不想为了这么个不起眼的东西费神劳力。当时的罗马皇帝Vespasian已经把耶路撒冷给收拾了，此时的马萨达犹太叛军，你投降就完了；根据过往历史看，罗马人还是宽宏大量的。本来犹太国就是罗马帝国的一个省，罗马人既没有限制你的宗教，也没有剥夺你的私产，你搞这么个不伦不类的东西，你让罗马人怎么处理？我觉得罗马人看这个东西，就像是我看见了一个开始发馊的窝头。吃吧，实在不好吃；放着吧，迟早臭一屋子；扔了吧，既名不正言不顺，也心不甘情不愿。那就只好捏着鼻子吃下去了。公元73年，罗马人终于忍无可忍，把马萨达包围了。这时候你就要问自己那个著名的莎士比亚问题了："土逼还是不土逼？"（To be or not to be?）但是，这帮犹太义和团坚持"土逼"。

就像400年前的亚历山大大帝面对提尔岛："你欢迎我去不就完了？你看我进入亚洲以来，从来不伤害百姓，更不屠城。我只是和波斯过不去，和你没毛病。"但是提尔岛的笨蛋们就整个想错了，不归顺亚历山大就算了，还隔着海骂娘，还把人家的使者给杀了。后来的义和团是跟着你们学的吗？结果就凉凉了，还记得第三章里描述亚历山大建造跨海长堤吧？马萨达的犹太义和团不是在步400年前的提尔岛义和团的后尘吗？

死海的海拔 -400多米，山脚大约海拔 -300米，山顶海拔 0 米左右。从东面（死海一侧）进攻是很困难的。你想，一个艾菲尔铁塔这么高的东西，爬上去还挺费劲。但是马萨达城堡的西侧就没这么险峻了。古罗马的工程和攻城能力非常强大。在罗马人进攻马萨达之前400年，亚历山大大帝就为了进攻提尔岛，修筑了跨海长堤。可见此时的古罗马人修建这么一个攻城的坡道，简直是太容易了。

[1] Too young too simple.（年轻幼稚）

罗马人动用了15000人，其中不少是犹太战俘，从山头西侧把整条沟都填了，又堆积了坡道。图中坡道只是最上面的一部分（图104）。在公元73年春天，古罗马军团安营扎寨，把一座庞大的攻城塔沿着坡道推到山顶。那些"犹太义和团"看大势已去，居然先把自己的老百姓杀光，美其名曰"不受罗马人的奴役"，然后自杀。按照约瑟夫斯的记载，他们杀死了960个男女老少，最后只有两个妇女和五个小孩侥幸存活。罗马人攻入城堡一看，"咦，怎么都死了？这算球啥本事？你们打不过我们却把自己的老百姓杀了！"看来世界上义和团都差不多。

现在这里被以色列政府搞成了"爱国主义教育基地"，新入伍的军人都要到这里参观，最后宣誓"绝不让马萨达再失守！"如果是面对ISIS这样的暴徒，我倒是完全赞成这样的信念。而面对古希腊和古罗马，那就完全是另外一回事了。向文明投降从来都是一种美德。

我觉得希律尽管做了很多坏事，但还是一位务实的政治家，

图104 罗马人建造的攻城坡道和营地。把整个沟都填了

他那韬光养晦的几十年，和罗马关系很好。本来他站在罗马将军安东尼一边反对屋大维。结果安东尼被屋大维打败。希律没有落荒而逃，也没有反戈一击，更没有以身殉职，而是亲自跑到罗马去向屋大维（当时已成为罗马皇帝奥古斯都）跪下求情当孙子，给犹太人争取了几十年的和平发展的机会。你看他在奥古斯都面前尽管下跪陈情，但是不失尊严，且可圈可点。他对奥古斯都说的大概意思是这样的，"你知道，我也不否认，我曾忠实于安东尼，对此事我不后悔也不忏悔。但是，这事情已经过去了，此后，我的余生，将像忠实于安东尼一样，忠实于陛下您。"尼玛，我要是奥古斯都，当时也会被感动的。最不能饶恕的是那些一旦前任失势就反戈一击落井下石的人。看来屋大维当时和我的想法差不多。再说希律确实能干，再看在他带来的数百塔伦（Talent，合十几吨）的白银的面子上，已经成为罗马皇帝奥古斯都的屋大维，就"呵呵"一下网开一面了。

后来希律把他建造的港口城市命名为"凯撒利亚"，以彰显他改换门庭忠于凯撒·奥古斯都（即屋大维）。如果安东尼打败了屋大维，那这个地方可能就叫作"安东利亚"了。不过没准还是"凯撒利亚"，因为安东尼就会被称作"凯撒"了。

请读者原谅我一会儿"屋大维"，一会儿"凯撒"，一会儿"奥古斯都"。这事不怪我，只怪罗马皇帝。我谨代表罗马皇帝向诸位表示歉意：第一个凯撒，是尤利乌斯，他太伟大了，于是死后"凯撒"就成了名号。奥古斯都本来就是名号，给了屋大维（Octavius），于是屋大维就成了凯撒·奥古斯都（Caesar Augustus）。

那些犹太义和团，终于葬送了希律忍辱负重和韬光养晦换来的好时光，结果让古罗马人把马萨达当成馊窝头捏着鼻子给吃了。

真是一个令人深思的历史事件。说实在，那地方有意思，而建筑真的不怎么样，但这段历史发人深省。我想起我那位犹太长者朋友经常跟我唠叨的。他说他没儿子（三个女儿），我就像他儿子一样，所以每次和我多说几句。（下礼拜又要约我吃越南河粉了，疫情期间餐馆不能堂吃，于是就买回来在我办公室吃。）他以前总对我说："Never do business with an idiot!"（绝对不要和蠢货做生意！）这么多年，他总是时不时告诉我哪个公司里有哪个蠢货。现在他不做生意了，他认定的蠢货级别也提升了，现在最大的蠢货是加拿大总理特鲁多了。他的理论大意是："聪明人哪怕是坏一点，也知道底线在哪里，于是不会把事情彻底搞砸。但是蠢货是不知道底线的，于是肯定损人害己，全部凉凉。"我完全同意。不过我知道还有比特鲁多更大的蠢货，至少一个。

马萨达这地方，可看的不多，可想的不少。离开马萨达时，百感交集。历史并不会远离我们，它总是在不同的时间和空间继续演绎着同样的剧情和结局。

长见识了，虽然不是一个伟大的古迹。我们很多时候需要比较，才知道我们面对的事物的价值。而有些历史事件的存在，就是给另外一些更加重要的历史事件做陪衬的。马萨达就是其一。

坦率地说，参观马萨达，心情迥异于我参观别的地中海一带的古迹。无论是庞贝古城，还是更早的克里特岛的米诺斯王宫，还是迈锡尼、奥林匹亚、德尔菲，还是爱奥尼亚地区（今土耳其地中海沿岸）的古希腊遗址（米利都、以弗所、帕加马、埃索斯、特洛伊），都不会有这样的感觉。在那些地方，发自内心的崇敬压倒一切。但是，在马萨达，完全没有崇敬之情。但是我依旧钦佩那些在如此恶劣的自然环境中憧憬未来，在如此艰险的政治环境中绝处求生的犹太人，包括那个做了很多坏事和好事的希律，但是不包括那些犹太义和团。

6.3 从死海到耶路撒冷

我们驾车离开马萨达，前往耶路撒冷。不久，看到一个突入死海的角，就决定停下来再看看死海（图105）。

图105 停下车来再看看死海，坐标：31°34′20.1″N, 35°24′52.3″E

我相信死海一带的苍凉从希律以前的"出埃及"时代就是如此，在更早的两河流域文明时代就是如此，绝非原来是"奶蜜之地"而后来被折腾成了这副德行，否则当时（公元前13世纪）"出埃及"的以色列人就不会坚持北上，攻陷"耶利哥"，直扑"流奶与蜜"的"应许之地"了。

这里，水里没有鱼虾，岸上几无植被，举目荒凉凄惨，除了水天一色和"蠢驴"两头，并无别的参照物。这里的坐标是：北纬31°34′20.1″，东经35°24′52.3″，距离死海北端还有26公里，距离耶路撒冷70公里。

这份苍凉，确实令人想起"念天地之悠悠，独怆然而涕下"。

向北，再向西，目的地：耶路撒冷！

穿越不毛之地，一路上坡，高差1200米左右，从海拔−400多米到海拔700多米。一个小时左右的车程，耶路撒冷展现在眼前。这就是，耶路撒冷！

119

图 106 耶路撒冷街景

有强烈信仰的人，不少到了耶路撒冷会产生一种精神症状，称作"耶路撒冷综合症"。我欣赏基督教，但是也存有批判和质疑，所以不会有这样的症状。

到了耶路撒冷驻地，放下行李，柳L留在驻地思考国家大事，顺便做满汉全席，我一个人去还车。还车真的还是费一点周折的，写明的还车地点其实是租车公司的一个门店，到了那里根本不能停车。好不容易转了几圈后，才在隔壁一条街上非法停下，飞快跑到店里一问，居然不接收，而是给了我一个陌生地址，那里才是接收还车的地方。那地方虽然不远，但是在耶路撒冷到处是单行道，我转了几圈才找到。

还了车，觉得轻松了很多。在耶路撒冷、特拉维夫和海法这样的城市，和巴黎、纽约差不多，车就像是一个累赘。没有摩西劈开红海那样劈开车流的本事，最好别在城里开车。没有车，走回到驻地不到两公里。街头景色还不错，正好浏览一下。耶路撒冷给我的第一印象是这些浅黄色石头砌面的建筑，很漂亮（图106）。

回到驻地一看，万事俱备，就差满汉全席。于是拿出看家本事，到外面觅食。

第二天我们要在凌晨四点到距离驻地1.5公里处的集合地等车去约旦，今天是没时间再多看看耶路撒冷了，好在从约旦回来后还有的是时间。

和耶路撒冷的首遇，就这样毫无仪式感地落幕了。当然，这仅仅是序曲，精彩的正剧还在后面。

耶路撒冷-瓦迪伦

旅行时间:2020-02-11 星期二

早上起来,喝了杯房东提供的胶囊咖啡,就步行赶往集合地。步行路线和我昨天回驻地的相同,只是方向相反,距离还稍近一点,所以看到的街景和建筑物也和昨天的一样。只是由于天黑,看起来是另一番景象。就这样,在幽暗的黎明前,我们开始了旅途的第三程(图15)。

到了出发地点，已经有一些人在那里等着了。这次从耶路撒冷出发去约旦的只有十来个人，都是外国人。我们打了招呼，趁着等车的时候聊了一会儿。有几位是美国人，从犹他州来的，作圣经之旅，顺便去大名鼎鼎的佩特拉（Petra）游览。确实，到了以色列而不去约旦的佩特拉，那是非常可惜的。他们信仰基督教，但是我们没好意思问他们是不是摩门教徒。一见面就问宗教信仰是不礼貌的，除非对方自己说。他们也没有问我们是否来圣经之地朝圣。我们是对基督教充满好感的异教徒，基本定位应该是这样；柳L好像比我要更虔诚一些，至少没有像我那样，曾经把牧师和几个基督徒气得冒烟了。

冒烟绝对不是我的本意，我只是想讨论问题而已。你想，你们的保罗在地中海东岸传教被打得满地找牙，如丧家之犬，然后流窜到了雅典。雅典人却说"你在这里说什么都行。即便你说的我们不同意，我们也不会让你住嘴，更不会虐待你。"于是保罗就在雅典大放厥词，把希腊人和他们的众神以及多神崇拜数落了一番，又把自己的一神教大大地宣扬了一番。雅典人闻过则喜，反正希腊人自己也调侃他们的众神。于是保罗肆无忌惮愈演愈烈变本加厉。

雅典的法律以捍卫言论自由著称。正是这个理由，在此1600年后约翰·弥尔顿（John Milton）千古不朽的《论出版（言论）自由》的原名"Areopagitica"的词根，源于雅典最高法院的所在地Areopagus。

我想阐述的就是，既然你们的保罗可以怼我热爱的古希腊，那我也可以说点我的看法，不对吗？至于你们气急败坏而冒烟了，那是气量不够。你看我们当年的雅典人，面对保罗的肆无忌惮怎么就不冒烟？（有关宗教问题和古希腊文明，在后面的游记中还将更详细地阐述。）

在此，我再次向曾经或准备冒烟的朋友们表示歉意，并且表达我对奥古斯丁以来的基督教的尊敬和赞赏。感谢奥古斯丁和阿奎那分别引进了古希腊的柏拉图和亚里士多德。没有了古希腊理性，基督教充其量只能成为今天伊斯兰教和犹太教的样子。

车来了，是一辆小巴，我们上车后马上就出发了。这个旅游公司有一个不错的英文名字"Fun Time"（欢快时光）。城里道路和城外高速上几乎没有车，于是我们的车开得嗖嗖的。不到5:00，我们的车就到了一个休息地停下，以便我们买点早餐，方便一下，毕竟大家都是没有吃早餐的。

这回我们不用自驾了，于是有点"上车睡觉，停车撒尿"的感觉。再拍几张照片，就完美了。我们下车一看，这就是我们从提比利亚开往死海时停留的那个休息地。

再次上车，一看地图，估计要三个小时后在边境埃拉特（Eilat）才停了。窗外的景色，是此前我们来回路过这里见过的，再加上天色依旧是黎明的朦胧，没有太多可以看的，不如异想天开，任凭思绪飞扬。

7.1 亚历山大大帝和希腊化时期

"奶蜜之地"？不毛之地？

从不毛之地走向"奶蜜之地"，不仅有着漫长的距离，还有看似不可逾越的"鸿沟"。要走过这漫长的道路，需要积无数跬步；而要跨越这宽深的鸿沟，则需要建一座桥梁。前者可以凭借不辞辛劳而抵达，而后者则仅凭辛劳远远不够，还需要有超越世俗的精神力量。这就是由"憧憬"而产生的"信仰"。并非艰难境地的人就会产生信仰，而只有那些处境艰难而又憧憬未来的人才会产生信仰。

"信仰之都"，或曰"圣城"耶路撒冷，到底在历史上是怎样一个地位？我们不妨回到公元前334年，那个时候开始了一件人类历史上非常重大的改变人类文明进程的事件，这就是古希腊马其顿的"亚历山大大帝东征"。根据确凿的历史记载和考古证据，亚历山大大帝的

图107 亚历山大大帝的东征路线图，图中的红线位置，和图109的红线位置相同
(Wikipedia, CC BY-SA3.0)

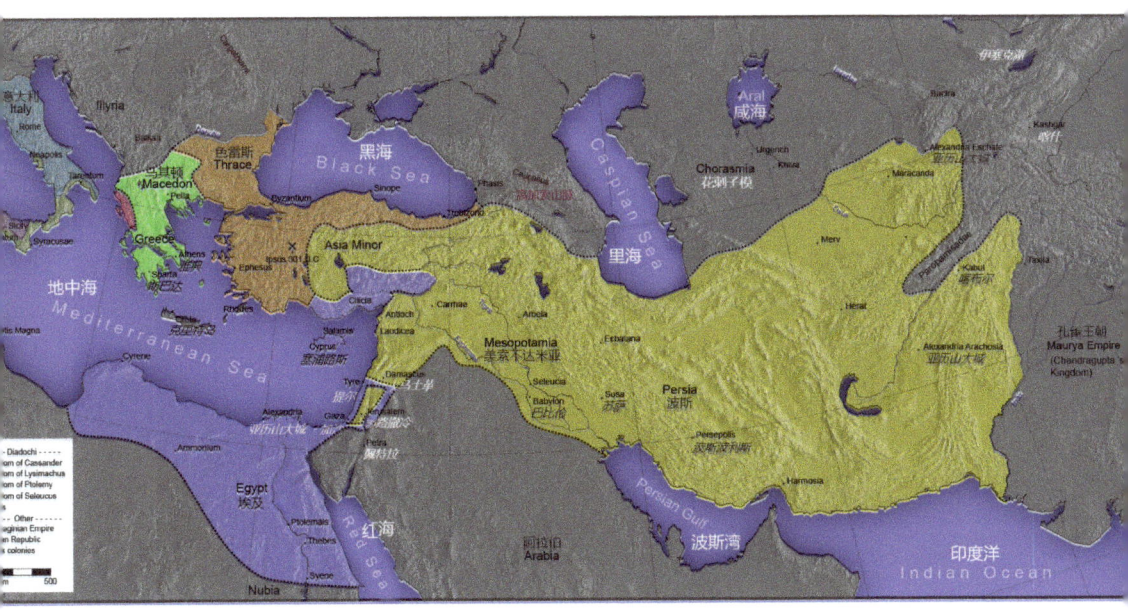

图108 亚历山大大帝之后的希腊化时期的版图，(Wikipedia, CC BY-SA 3.0)

图109　根据亚历山大远征图（图107）推算的亚历山大抵达的东方和现中国边境的最短距离。图中红线位置就是亚历山大远征图（图107）中的红线位置

东征路线如图（图107）所示，由此形成的亚历山大大帝后的希腊化地区的版图，横跨欧亚非大陆（图108）。

亚历山大大军越过达达尼尔海峡进入亚洲后，首先在格拉尼卡斯（Granicus），于334BC的5月遭遇波斯大王大流士三世（Darius III，380－330BC）大军的堵截。这是在今天的土耳其境内，距离古城特洛伊不远的地方，当时的天时地利人和都对亚历山大不利，但是他居然轻松地赢了。

然后在伊苏斯（Issus），一年多后333BC的11月，亚历山大和大流士三世决战，大流士三世战败逃跑，但是波斯依然还没有伤筋动骨。

然后，亚历山大就沿着地中海南下，路经提尔岛（Tyre），结果发生了前面所说的提尔岛事件（见第三章）。接着亚历山大继续南下，在加沙（今天的加沙地带）打败了埃及守军，然后就进入了埃及。

亚历山大对地中海情有独钟，毕竟对面就是克里特岛和希腊本土，于是亲自在地中海边选址，创建亚历山大城（今天埃及的亚历山大城）。接着亚历山大还特意去了阿蒙庙（Ammon），在西边现在的利比亚边境附近距离亚历山大城500多公里的地方。

亚历山大从埃及出来后，就率领大军进入了两河流域。大流士三世用了两年的时间，一边谈判一边准备和亚历山大决战。大流士三世想以底格里斯河为界，以土地换和平，与亚历山大和平共处。但是亚历山大不为所动，一心要灭波斯。亚历山大决心已定，大流士三世忍无可忍，于是在底格里斯河边，今天伊拉克境内摩苏尔（Mosul）附近的高加米拉（Gaugamela），于331 BC的10月，亚历山大和大流士三世进行了决战。这是历史上以少胜多的典型战例，亚历山大以比波斯少得多的兵力，赢得了战役。至此，大流士三世被彻底打败，随后在逃亡途中被他自己的部下杀死，尸体被拿去向亚历山大请功。波斯帝国阿契美尼德王朝就此宣告覆灭。后来的波斯就完全是另外一回事了。

亚历山大旌麾东指，所向披靡，一路上建造了很多城市，不少以他自己的名字命名。当时包括埃及的在内，名为"亚历山大"的城市有几十座。后来，别的亚历山大城改名了。比如曾经的"Alexandria in Arachosia（阿拉霍西亚的亚历山大城，图107，图110）就是现在阿富汗的坎大哈（Kandahar）。

我们注意到，在亚历山大的东征中，耶路撒冷显然是被忽视的。耶路撒冷这个号称大卫和所罗门的上帝之城，却没有受到亚历山大的注意。好像埃及的法老也没有在意这个城市。

我们把有关的重点再说一下：亚历山大端掉了提尔岛（Tyre）后南下，在距离耶路撒冷不到50公里的地方与其擦肩而过，却没有去看看，也没有想到让其皈依，而是直扑加沙，进入了埃及。亚历山大到了地中海边，钦定未来亚历山大城的建城方案后，专程去了阿蒙（Ammon）庙。阿蒙庙在亚历山大城西面今天的利比亚边境附近，单程就超过500公里，但是他去了。而从埃及出来后向两河流域挺进时，和耶路撒冷再次擦肩而过，亚历山大再次予以忽视。但是必须指出，并不是亚历山大不知道有耶路撒冷。亚历山大在围攻提尔岛期间，确实要求这一带的所有城镇都提供人力、物力以铺设那条跨海长堤（见第三章），而耶路撒冷也在其中。

比较阿蒙和耶路撒冷所受到的不同待遇，可以得出结论：耶路撒冷是如此地不重要。亚历山大对这座《希伯来圣经》里描述的大卫王和所罗门王建造的"伟大"都城，是如此地不屑一顾。这并不是亚历山大有偏见，而是那里无名无实、无足轻重。

就艺术来说，以色列也完全无法与当时的希腊以及后来的罗马相提并论。我们在第六章中提到了马萨达的马赛克，那是完全不能和更早的庞贝相提并论的，可谓云泥之别。

我们可以得出这样的结论：《希伯来圣经》（《圣经·旧约》和《可兰经》的源头），基本上就是一个以色列人自嗨的传说。比如，到底出埃及的路线是怎样的？"出埃及"后到底在哪里渡过了红海？甚至，到底有没有大规模的以色列人出埃及？考古证据都给出了否定的回答。对埃及来说，即使以色列人跑到了迦南，也就如同你从一家大户人家的起居室跑到了后院。法老要是想追杀，那还不容易？那时候还没有苏伊士运河，根本无需渡红海，直接从陆路就可以追杀过来，而且迦南地区当时也经常是埃及的地盘，只不过其是在埃及和两河之间拉锯的结合部而已。

我的判断是，以《希伯来圣经》作为基础的三大宗教文本中的历史记载都是杜撰的。所有不许质疑的文本的最终结局都基本如此。但是，我们不能因此就贬低宗教的价值。==宗教真正的价值不在于文本的字面意义，而在于对文本的解释。其目的不在追求真实，而在于弘扬道德。==在以色列南部、埃及东部和沙特北部一带，以色列人在出埃及后就在这样荒凉的地方游荡了四十年，直至找到迦南地区。这么艰难的生活环境,是什么力量使得这个族群坚持了下来?信仰不可或缺。

值得一提的是,亚历山大大军挺进到的最东边,已经几乎到了现在的中国。图(图107,及其细部图110)中的亚历山大城 E(Alexandria Eschate)和亚历山大城 H(Alexander on the Hyphasis),距离中国现在的边境已经很近,大约300多公里,而亚历山大大军抵达的最东地点,更是近到只有100公里左右(图109)。

请注意图110左上角的湖泊,这就是在第五章里提到的那个现在已经几乎消失的咸海(Aral Sea)。

公元前323年,亚历山大大帝英年早逝,他的帝国随之分裂成为数个由他手下的将军们统治的地区。但是,希腊化的进程不可阻挡,整个地中海地区,一直到印度河流域,都进入了"希腊化"(Hellenistic)时代。其中成就最为杰出的,就是统治埃及和周边

图110 这是图107的局部,亚历山大城 E(Alexandria Eschate)和亚历山大城 H(Alexander on the Hyphasis)的位置。亚历山大城 A(A. in Arachosia)就是今天阿富汗的坎大哈

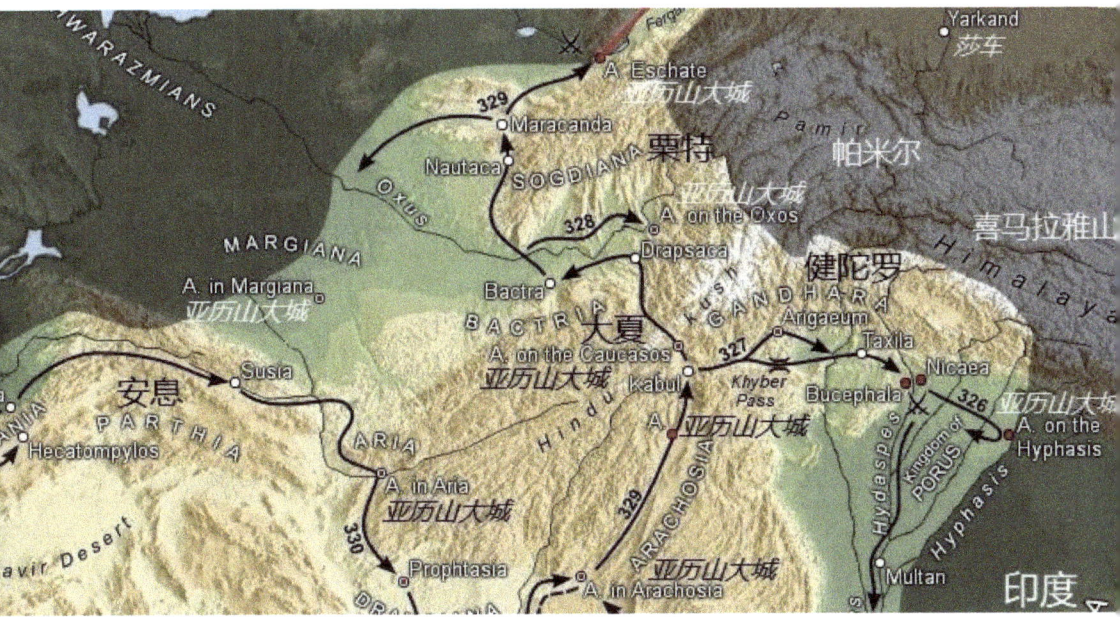

地区（有时也包括以色列）的由亚历山大大帝手下的将军托勒密（Ptolemy，367－282BC）建立和统治的托勒密王朝（Ptolemaic Dynasty，305－30BC）；其首都，就是亚历山大大帝创建并以他名字命名的亚历山大城（Alexandria）。

在整个亚历山大大帝东征和希腊化时代，从这张地图（图108）可以看到，耶路撒冷是多么无关紧要。作为亚历山大大帝身后最强大的帝国，埃及的托勒密王朝，控制了今天的以色列和黎巴嫩，而把耶路撒冷一带，留给了同样由亚历山大手下另一位将军塞琉古（Seleucus，359－81BC）统治的塞琉古王朝（Seleucid Dynasty，305－64 BC）。

我们今天前往的约旦，一部分在托勒密王朝版图中，而佩特拉正好不在其中。整个所谓的"流奶与蜜"地区，实际上是一个非常不起眼的、无关紧要的、夹在几个主要文明之间的、由于相对不发达而被忽略的地方。

7.2 约旦的沙漠

8点多，我们抵达了埃拉特（Eilat）的边境检查站（图111），这是以色列和约旦边境的以色列一侧的城市，东边就是约旦城市阿克巴（Aqaba）。这里是四个国家的交界处，往西南几公里，就是埃及；往东南几公里，就是沙特阿拉伯；西北是以色列，东边则是约旦。

过边境还是挺费时间的，让人可以体会到，这是两个并不友好的国家，但是为了彼此自己的利益，尽可能地进行合作。这其实是一种很值得褒扬的态度，求同存异，让老百姓过得好一些，而不是剑拔弩张，弄得鸡犬不宁。

过了边境，就是约旦城市阿卡巴（Aqaba）。我这才知道，以

图111 在埃拉特（Eilat）的以色列约旦边境检查站，时间 08:45

色列开来的车不能进入约旦。10点左右，我们在约旦一侧坐上了约旦的车。这两个旅行社显然是合作者。既然两个不同国家的公司可以合作，这两个国家也应该可以合作。敌意让位于生意，这是一个很好的选择。于是，我们的旅行社从以色列的"欢快时光"（Fun Time）换成了约旦的"敏捷之路"（Smart Way）。

约旦境内公路两旁的景色，要比以色列南部的好很多。尽管是沙漠，但是感觉相当不同。以色列南部有一种被遗弃的伤感，但是约旦瓦迪伦地区却是一种荒凉的神圣。令人顿生怀疑：是不是上帝搞错了？

11:00过一点，我们就到了驻地。这是一个沙漠里的营地，有一些帐篷，也有一些永久的房屋。驻地海拔800米。

我们放好了行李，旅行社的导游就开车带我们去看沙漠。车都是老爷车，看起来随时都可能散架，但是好像可以经受沙漠的恶劣

图112 瓦迪伦（Wadi Rum）附近的沙漠风光，时间 12:50

条件。底盘很高，但并不是正经的越野车，而是改装的。一般的车无法在这种沙漠地带行驶，哪怕是一般的越野车也未必行。每辆车都脏得一塌糊涂，我保证你从来都没见过这么脏的车。哪怕是太行山上的马车，我都没见过这么脏的。

　　沙漠风光不同寻常。虽然我们在电影和照片上见过沙漠，但是看到真实的沙漠，还是令人震撼（图112）。这里的沙漠并非一望无际，而是间有一些石头山丘，似乎在告诉我们，这仅仅是沙漠的序曲。

　　我们先到的沙漠是黄色的，在帐篷里喝茶休息后，再去的一块地方的沙漠是红色的。帐篷里喝的阿拉伯茶别有风味，令人想到茶叶最初的源头长江流域。沙漠和茶乡，这现实和想象的反差令人感慨。帐篷外面，骆驼也在补充食品（图113）。本来，沙漠是它们的领地，但是，人类却成了这里的主宰。智慧，让人类成为了世界的主宰，无处不在。但是人类有限的智慧未必会意识到自己的所作所为是否最终会伤害自己。从这个意义上，祈求神的干预和帮助成了情理之中。

　　我发现，黄色沙漠地区的山丘也是黄色的，而红色沙漠地区的山丘也

是红色的（图114，115）。

显然，这些沙漠的沙子就来自这些山丘的石头。偌大的山丘，最后就归结于这些细沙。没有了植被，山丘的岩石就被日晒风吹雨打，变成了沙子。可以想象，如果不改变这里的

图113 骆驼，在沙漠里只有它们才可以游刃有余

生态进程，最后这些山丘也会消失，成为沙漠里的沙子。我相信这里的山丘曾经伟岸得多，最后的结局却是如此。

从地质上说，这些岩石是沉积岩（绝大部分是水成岩）。也就是说，这里很可能曾经有水或者冰川。沧海桑田，居然现在变成了这个样子。这是一种特殊的冷静和寓意，告诉我们曾经辉煌的过去，警示我们可能悲惨的未来。

在我们担忧历史和未来的时候，对我们自己眼前的安全似乎置

图114 我们的车队,停下来品赏美景。我站在阴影里拍摄了车队

图115 这些岩石看起来像是泪流满面

之度外。我们在飞奔的破车上，没有安全带，甚至连正规的座椅都没有，然而我们也不在意。如此勇敢，大可不必。人类好像也确实有这样的问题，总是在遥远的高尚和眼前的功利之间，顾此失彼，无所适从。

7.3 一战和阿拉伯的劳伦斯

在这片沙漠地带，有一位历史人物值得一提。他就是英国人劳伦斯（T. E. Lawrence，1888 – 1935，图116），他曾经在这一带度过了第一次世界大战时期。他在一战中的事迹被搬上了银幕，这部历史巨片，就是大名鼎鼎的《阿拉伯的劳伦斯》（Lawrence of Arabia）。影片描述的是第一次世界大战中，劳伦斯在阿拉伯地区协助阿拉伯人反抗奥斯曼帝国的事迹。

我们现在驱车前去的地方，正是《阿拉伯的劳伦斯》的外景地。这里作为影片的外景地再合适不过，因为劳伦斯当年就在这一带活动。

如果你不知道阿拉伯的劳伦斯，那你值得去看一看这部片子。这是一部历史巨片，恢弘深广的历史背景，跌宕起伏的故事情节，摄人魂魄的异域风光，你要是不喜欢这部片子，估计你的睾丸酮水平不够了，只能看看宫廷片太监宫女的阴谋剧情。好莱坞现在是拍不出这样的片子了，因为好莱坞已经被阉割了。

一战应该是人类历史上最愚蠢的战争了。一战双方是同盟国和协约国。德国、奥匈帝国和奥斯曼属于同盟国；英、法、日、俄、意、美和中国等属于协约国。这场战争导致了四个帝国的崩溃，大英帝国、奥匈帝国、奥斯曼帝国和俄罗斯帝国，战后分崩离析，旧的体制轰然倒塌，而新的秩序却无法建立。阿拉伯世界也因此开始成为了世界的问题地区。那些像是用直尺随意分割的边境，被指责为西方列强留下的导致日后冲突的根源。其实不然，当时即便是划

图116 劳伦斯（T. E. Lawrence），即"阿拉伯的劳伦斯"（Wikipedia, public domain）

图117 第一次世界大战（WWI）中劳伦斯参与的"阿拉伯起义"（Arab Revolt）的一些主要军事行动：Siege of Medina, Battle of Aqaba, Capture of Damascus, Battle of Megiddo

分得再复杂，此后的问题也一样。这不是边界的问题，而是争权夺利的问题。一战也直接导致了二战，最愚蠢的战争导致了最错误的战争。

劳伦斯于1914年来到阿拉伯世界，一直活动到一战结束。他参与了这些地方的军事行动（图117）：麦地那（Medina）、阿卡巴（Aqaba）、大马士革（Damascus）、米吉多（Megiddo）。图中的几个战场地址是我们这次去过或者将要去的（图117）：阿卡巴（Aqaba）就是我们经过以色列边境城市埃拉特（Eilat）后的第一站，它和埃拉特几乎是相连的。瓦迪·穆萨（Wadi Musa）就是我们要去的佩特拉（Petra）所在地，明天我们晚上就会住在那里。米吉多（Megiddo）就是我们从阿卡古城（Acre）去提比利亚（Tiberias）路上去的《圣经》上预言的 Armageddon（世界末日大决战）之地。大马士革就是我们在戈兰高地眺望的叙利亚首都。劳伦斯的最顶峰的成就，是在1918年10月占领大马士革中扮演了重要角色。

劳伦斯给出了一些比较合理的建议，但是英国和西方并没有采纳，而是另外做了决定。

我们在此不再赘述劳伦斯的事迹，仅引用英国一战驰骋阿拉伯战场的将军艾伦比（Edmund Allenby）[1]和丘吉尔（Winston Churchill）[2]的评价[3]。

艾伦比在一战中如是说："就我所知，没有人比劳伦斯做得更加成功。"

丘吉尔则在劳伦斯的葬礼上这样赞扬："他是我们这个时代最伟大的人物之一，他无可比拟。我担心的是，今后危难之时，再难有他这样的人相助。"

---

[1] 艾伦比（Edmund Allenby，1861－1936），英国一战时埃及及巴勒斯坦战区将领
[2] 丘吉尔（Winston Churchill，1874－1965），英国首相（1940－1945，1950－1955）
[3] Scott Anderson, "The True Story of Lawrence of Arabia," Smithsonian Magazine, July 2014, https://www.smithsonianmag.com/history/true-story-lawrence-arabia-180951857/

7.2 瓦迪伦-沙漠之夜

夕阳西下时分,我们回到了驻地。我们付的钱是住帐篷的待遇,但是没有取暖设备又走风漏气的帐篷,在二月的沙漠地带着实有些冷。我们还是贪图享受,终于没有坚持体验沙漠露营的感觉,而是花钱升级到了房间里了。里面有暖空调,很舒服。

我们看看天色还没有黑,就爬到了驻地后面的山丘上。这里视野非常好,这么一个不大的山头,居然可以把周围沙漠一览无余(图118)。

下了山丘,就去餐厅吃晚餐。这次情商还不错,虽然没有拍到食品,但是拍到了一个装食品的空盘子。还有一段录像,可惜文章中不能展示录像。不过找遍了录像,就是没有找到食物影像。那是自助餐,各种各样的肉和蔬菜,相当不错,反正吃得很满意就是了。我对阿拉伯食品很接受。真的应该拍下来,也好馋馋大家。

我不仅仅喜欢中亚、西亚的食品,而且对沙漠和中亚、西亚一

图118 爬上山丘俯瞰驻地,夕阳西下,静谧如画

带的历史也很感兴趣。我记得很小的时候，第一次看到画面上的中亚沙漠和村庄的景象，突然觉得这地方似曾相识。这个事情让我困惑至今。我对古希腊一见钟情，但并非一见如故，而对中亚、西亚却是一见如故，但又心存恐惧。我对此一直困惑不解、非常好奇。

我不知道人是否真的会转世轮回。难道人真的有前世？如果有，那我可能曾经是波斯人，为波斯大王卖命，结果和古希腊大军打仗阵亡了。由于知道古希腊的伟大和美好，也知道波斯大王对我很不好，就希望上帝让我下辈子出生在西方。也许是上帝搞错了方向，把我弄到更东的东方了。也许是上帝生气了，"这小子又不虔诚，还想这么多的好事？东边去！"我要对上帝说的是："不是我不虔诚，是那些人把你的故事编得太不成样子了。我只是说那些故事不能自洽，我对上帝可是虔诚的；就是不知道是谁，是啥样子。"

又想起了那个笃信转世轮回的巴顿将军，他愣是在北非的古战场遗址，对他的副手布莱德利说："两千年前，我就在这里，把迦太基军队给灭了……你不信？我是古罗马人。"当时的布莱德利哭笑不得，那表情像是"不是说好是来视察地形的吗？你怎么跑到这个古战场遗址来了？你到底是率领美国军队还是古罗马军队啊？"巴顿心里肯定是这样说的："你不知道历史，还打个球的仗？"

别忘了，脚下这块土地曾经也是古罗马的地盘。古希腊的亚历山大和这里擦肩而过，但是古罗马人没有忽视这块地方。古罗马人虽然没有像亚历山大那样扩张到那么遥远的东方，但是他们建立了更加广阔和牢固的帝国。

当然别忘了还有一战和那个劳伦斯。

今晚有幸，在古罗马人曾经统治过的，"阿拉伯的劳伦斯"曾经折腾过的地方，进入梦乡。

8

瓦迪伦-佩特拉

旅行时间：2020-02-12 星期三

早上起来，好像太早了，才七点多一点，驻地院子里几乎空无一人。天气很好，晴空万里。我们等到10:00左右才出发，沿着约旦河谷北上（图119），直奔佩特拉（Petra）。

瓦迪伦的海拔大致1000米，佩特拉700多米，途中经过的最高海拔1600多米（图120）。从这些数据我们可以理解所谓的"约旦河谷"，即从戈兰高地附近的约旦河源头开始，经过加利利海，到死海进而到红海港城埃拉特，再延续到蒂朗（Tiran）海峡。这是一条很深的沟，在地质上被称作"叙利亚－非洲洼地"（Syro–African Depression）。我们沿着约旦河谷东侧的高地北上。

　　我们在途中一座山峰处停下来休息。那里有一个瞭望台，我们向西眺望，也就是约旦河和以色列的方向。景色可谓苍凉，但是和死海边上的马萨达（Masada）相比，已经算是有了一些生机（图121）。这个方向，水平每10公里，海拔就下降1000米。

　　这一系列的游记，到现在已经是第八章了。说实在的，游记很不容易写，也很容易写。最容易的写法，就是"哇！我看到了这个！哇塞！好好看，看照片。这是啥？好漂亮！"就好了。但是，如果这样写，我觉得对不起这些具有伟大内涵的自然历史文化遗产。

　　为了对古迹和读者负责，我还需要用另外一种经过思考的写法。我将把历史背景、自然风光、人文景观、地理地质和文化宗教等，都尽量融合起来。也就是说，我必须使用历史、地理、社会和文化的长焦、广角和背景参照。在这样一个介于古老的两河文明和埃及文明之间，又介于古希腊和古波斯之间，经历了古罗马帝国和诸多其它帝国的地区，只有这样，才算是一部对得起读者的游记。

8.1 波斯、以色列和古希腊

　　我们曾经回顾了埃及和两河流域，特别是"出埃及"这段时间的以色列。现在我们来回顾一下这一带的波斯时期。这一带曾经在波斯帝国阿契美尼德王朝的版图内。波斯的居鲁士大帝（Cyrus II, Cyrus the Great, 600–530 BC）在公元前559年即位后，即开始了波斯帝国的扩张。这是波斯即将吞并巴比伦前和鼎盛时期的版图（图122、图123）。

图119 当日行程路线，沿着约旦河谷东侧的高地北上

图120 距离佩特拉35公里处，经纬度和海拔如上，11:10

图121 途中的制高点景色，方向西北，位置30°10'43.1"N，35°25'41.3"E，海拔1600米

居鲁士的波斯征服了巴比伦之后，把在那里受奴役的犹太人都放回了他们的"奶蜜之地"，让他们回耶路撒冷重建他们的神殿。犹太人至今都非常感激居鲁士，把耶路撒冷的一条街也称作"居鲁士大街"（Coresh，这是希伯来语的音读）。犹太人也感激川普在2017年承认耶路撒冷是以色列的首都，因此一些犹太组织把川普和居鲁士相提并论，并且出了纪念钱币，铸以居鲁士和川普的头像。

如今，那时的犹太人的后代，亦即今天的以色列人，和那时居鲁士的后代，亦即今天的伊朗人，居然成为了死对头，彼此不共戴天。当伊朗人看到以色列人纪念居鲁士的时候，当以色列人看到伊朗人崇敬居鲁士的时候，不知道是一种什么感觉。感激涕零和反目成仇之间，慷慨赠与和不共戴天之间，居然如此易如反掌。不过，以色列人还是希望别人看到自己对有恩于自己的人是义薄云天的，比如对居鲁士，比如对川普。但是，一旦政治参与其中，所有的义薄云天都往往让位于趋炎附势。

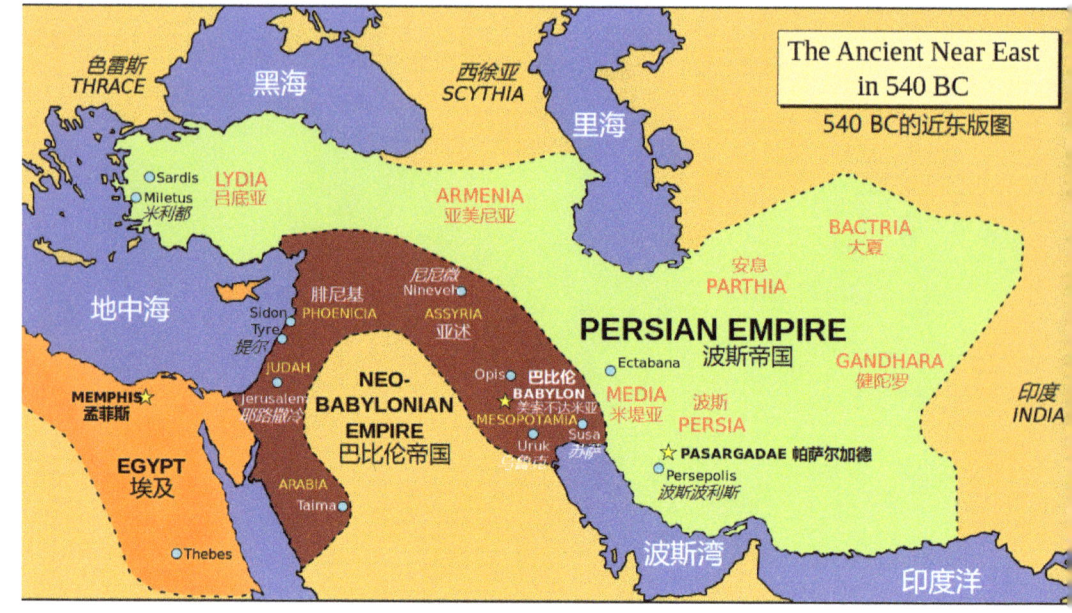

图122 公元前540年左右,波斯征服巴比伦前的近东版图 (ChrisO/wikipedia, Public Domain)

图123 大流士一世(522-486BC),波斯阿契美尼德帝国巅峰时期的版图 (Cattette/Wikipedia/CC BY 4.0))

从琐罗亚斯德（Zoroaster）拜火教的波斯，到阿契美尼德王朝（Achaemenid Empire）的波斯，到后来萨珊王朝（Sassanid Empire）的波斯，再到伊斯兰化的波斯，直至今天伊斯兰的伊朗，其意识形态之变迁甚至超越大自然的沧海桑田，可谓一泻千里，令人扼腕唏嘘。公元633－654年，穆斯林征服波斯，结束了萨珊帝国，也导致了拜火教的式微和伊斯兰教的取而代之，一个多神教的波斯，被一神教取代。我们在后面还会讨论到多神教和一神教的问题。

记得那幅在梵蒂冈的拉斐尔的诠释了文艺复兴精神的《雅典学园》壁画（图226）吗？画面里右下角，右手持天球者琐罗亚斯德作为几乎唯一的非古希腊人出现在画中，彰显在文艺复兴时代其被缅怀之地位。

琐罗亚斯德也译作查拉图斯特拉（Zarathustra），就是尼采的《查拉图斯特拉如是说》（德语：Also Sprach Zarathustra，英译：Thus Spoke Zarathustra）里的那个查拉图斯特拉。尼采在书中借主人公之口，声称"上帝死了"（God is dead）。

波斯阿契美尼德王朝的统治总的来说是仁慈的，比起那些要子民交出财产充公田地，最终集体奴役之的，要好得多。波斯只要你做波斯大王的子民，就让你有生路，甚至有你自己的信仰。波斯强大的武装力量加上丰厚的利益诱惑，几乎所向披靡，使得其统治一直抵达地中海东岸。但是，由于贪得无厌继续西进，最后波斯不幸碰到了一个不识好歹的"二百五"，这就是古希腊。波斯的统治者哪里见过这样软硬不吃的？尼玛，别人都服了，就你不服？于是出兵。

波斯两次出兵，公元前490和480，还占领了雅典，但是最终被打得满地找牙回了波斯。痛定思痛，决定不再招惹希腊本土了。但是波斯帝国痛恨希腊溢于言表，这个阿契美尼德时代的印章护身符（图124），就描述了波斯梦寐以求的事情，一位波斯国王打败了一个古希腊的重装步兵。

但是，意淫不管用，最终报应还是来了。希腊有个马其顿，

图124 波斯阿契美尼德时代的护身符印章描述波斯国王打败了古希腊的重装步兵 Scaraboid, 450BC (Getty Museum, public domain)

马其顿出了个亚历山大,终于在波斯入侵希腊150年后的公元前334年,跨过达达尼尔海峡打过来了(见第七章)。马其顿方阵势不可当,直接把波斯帝国灭了。

记得2010年在雅典,我参加"Athens Dialogue"(雅典对话)这个规模很大的学术会议时,有一位女学者逆潮流为波斯树碑立传。她是伊朗人,因此可以理解。会议本着古希腊传统,当然对此从善如流。但她毕竟是少数,在古希腊和崇尚古希腊价值的人眼里,波斯是一些野蛮人。对古希腊人来说,不以自由为上的都是野蛮人。我觉得这要求有点太高了,这么一来咱祖宗肯定更加是野蛮人了。连咱自己也绝大多数是野蛮人了。

这帮古希腊人到底如何与众不同?从其剧作家埃斯库罗斯[1]描写的"希波战争"可见一斑。戏剧《波斯人》不仅描绘希腊城邦击败庞大的波斯大军,更是一曲自由颂歌。剧中骄傲地宣称,希腊人为捍卫尊严拒绝奴役而战。

---

[1] 埃斯库罗斯(Aeschylus, 525/524 – 456 BC),古希腊三大剧作家之一,"悲剧之父"

波斯皇后不明白为什么古希腊人的主人不命令他们臣服，以便获得荣华富贵：

"他们没有主人吗？"波斯皇后这样问信使。

"没有。"信使这样回答，"他们不是奴隶，不是谁的臣民。"

埃斯库罗斯这样描述希波战争胜利的意义：

他们将不再匍匐在地，表示对极权的敬畏，因为帝王的威势已不复存在。

他们将不再羁锁自己的舌头，因为他们已获得自由，可以放心地发表言谈。

不为衣食，不为富贵，只为自由！对比有些族群的以食为天和唯利是图，可谓云泥之别。

埃斯库罗斯自拟的墓志铭体现了古希腊人的高贵和独特的价值观，他希望仅以"雅典人"和希波战争"马拉松战役中的重装备步兵"的身份被世人记住，而只字未提他作为伟大的极受希腊世界喜爱的剧作家的身份。也许他这样做是为了在战役中阵亡的兄弟，也许是由于他更加热爱他曾经用生命捍卫的民主和自由的雅典，也许他更加为自己是一个马拉松战役的重装备步兵而自豪。不管是哪种，埃斯库罗斯体现了一个古希腊公民的崇高意识：

在这墓碑下躺着雅典人，欧福里翁的儿子，过世在丰饶的杰拉的埃斯库罗斯；

对他的英勇，马拉松的草木可以引言作证，长头发的波斯人更心知肚明。

我每每看到想到这些，总是无语凝噎，为自己的族群的"以食为天"信条和实践感到无地自容。只能自嘲一句："I服了U"。

以上数百字，我大段引用了自己的另一本著作《我们头上的灿烂星空》[1]。这是一本解读中西方文明差异的极为简洁明了的原创著作。你看了，一定不后悔；如果不看，你也许错过了什么！

古波斯和古希腊比起来，确实野蛮了点，但是波斯总的来说还是文明的。比起遥远东方的大秦，以及后来的伊斯兰极端组织和红色高棉，波斯简直是太文明了。我还是要为波斯说句公道话，虽然波斯的阿契美尼德王朝和古希腊没法比，但毕竟还是一个可圈可点的文明；其统治的仁慈和宽容，远超当时别的帝国和政权。波斯还真的有点不走运，摊上了个古希腊，本来挺文明的，但是让古希腊一做参照系，就惨了去了。不仅如此，还和古希腊人打起来了，还烧了人家的卫城和神殿，这就说不过去了。再后来就和亚历山大这帮"二百五"打起来了，结果一败涂地。糟就糟在不该和古希腊搅和。

处在这几大文明之间的地中海西岸一带的小族裔，如犹太国和纳巴泰，生存确实不易。这一带曾经在波斯的版图内，后来波斯被古希腊征服后，纳巴泰倒是没有被并入塞琉古帝国的版图。当然，后来这里被并入了罗马帝国的版图。再后来又被并入了别的诸多帝国的版图，直到并入奥斯曼帝国的版图。如果希腊和波斯踢的是一场足球赛，那这些小族群顶多算得上是被踢的足球。踢爆了一个再来一个，夹缝里求生存。与其灰飞烟灭，不如苟延残喘，因此，如希律王这样的韬光养晦、忍辱负重者，还是很令人尊敬的（见第七章）。

在这块历史厚重的土地上旅行，上下数千年，纵横上万里，时空切换显得如此顺理成章，一走神就是数千年和数万里。好吧，现在让我们回到今天和现在，让我们聚焦即将抵达的佩特拉（Petra，图125）。

---

[1] 林炎平，《我们头上的灿烂星空》，浙江大学出版社，2010

图125 位于交通要道的佩特拉（Petra）

8.2 佩特拉

佩特拉的古希腊语（Πέτρα）意思是"岩石"。佩特拉周围地区早在公元前7000年就已有人居住，纳巴泰人（Nabataean）最早可能在公元前四世纪就定居在此。纳巴泰人是游牧的阿拉伯人，却利用地理优势，将佩特拉建设成为主要的区域贸易枢纽。依靠贸易，这里成为了富庶之地。人口高峰时估计有20000多居民。希腊化时期应该是佩特拉最繁荣的时候。

纳巴泰王国在公元前一世纪成为罗马帝国的附属国。由于海上贸易的兴起，佩特拉的重要性随之下降。在公元363年的地震中，这个地区许多建筑物遭到破坏。进入拜占庭时代，这座城市继续衰落。到了伊斯兰早期，它基本被废弃了，只有少数游牧民族还光顾它。从那时开始直到1812年瑞士人伯克哈特（Johann

图126 古埃及法老拉美西斯二世（Ramesses II）神庙，亦即"阿布辛贝"（Abu Simbel）神庙，伯克哈特在1813年重新发现。摄于2023年1月

Ludwig Burckhardt，1784 – 1817）重新发现它为止，外部世界对它一无所知。

也正是这位伯克哈特，在1813年3月，发现了古埃及的拉美西斯二世（Ramesses II）神庙，亦即常说的"阿布辛贝"（Abu Simbel）神庙（图126），位置在目前的埃及靠近苏丹边境的尼罗河边。当时神庙已经几乎全部被沙漠掩埋，发现它是一件很不容易的事情。这位伟大的探险家却英年早逝，不到33岁就在开罗因病逝世。好在他在探险途中，一直把自己的记录不断及时邮寄给英国，去世后他的所有手稿和记录也都捐献给了剑桥大学，因此他的考古和探险所得信息和资料几乎都保存了下来。

伯克哈特这样描绘他发现的在 Wadi Musa 的古迹，当时他还不能肯定那就是佩特拉：

> 我特别想参观 Wadi Musa……届时，Wadi Musa 的古迹将被发现是古代艺术中最奇特的遗迹之一……
>
> 一个被挖掘出来的陵墓出现在眼前，它的状况和美妙会给旅行者留下非同寻常的印象，正如我所描述的。当地人称这座纪念碑为法老的城堡……但它更像是一位王子的墓穴，一个城市能将这样的壮丽建筑献给它的统治者，一定是非常富裕的……
>
> ……Wadi Musa 的废墟似乎很有可能是古代佩特拉的废墟……至少我相信，从我获得的所有信息来看，在死海和红海的两端之间，没有其他足够重要的遗迹可以与该城市相媲美。至于我是否发现了阿拉伯佩特拉的首都的遗迹，我把它留给希腊学者来决定。

现在，佩特拉是举世闻名的景点，1985年被联合国教科文组织列入世界文化遗产名录。2019年慕名前来的游客多达110万。2020年由于新冠病毒疫情，估计我们是疫情开始后的最后一批游客，此后两年鲜有游客。

从地图上看，佩特拉确实在一个很有利的陆路交通要道上（图125），可谓"北通巫峡，南及潇湘，迁客骚人，多会于此，览物之情，得无异乎？"当然那是范仲淹的《岳阳楼记》描述的"巴陵盛状"。我的意思是："北通大马（士革），南及尼罗（河），商贾旅人，多经于此，贸易繁荣，金银多乎？"

一切都是历史了。我们从公元前四世纪回顾到了现在，与其思绪飞扬，不如眼见为实。于是，我们来了，慕名而来。

一到佩特拉，就给了我们一个友好的欢迎。景区地图，非常亲切；景区门票，不可恭维。居然门票要50第纳尔，合75美元。不过这是值得的，因为整个景区就不再收票了。这对于我们这些习惯了西方博物馆门票价格低廉的人，还是觉得不便宜。

图127 这些墓穴已经足够令人赞叹，但这仅仅是序幕，甚至连序幕都不是，只能算报幕的

图128 佩特拉的狭窄入口,一夫当关,万夫莫开。现在有俩夫在,更加莫开了?

我们拍下了门口的景区地图，既作为指南，也作为留念。然后就开始"进村"了。一开始是平坦的小路，不久就逐渐呈现出佩特拉的真面目，墓穴和峡谷（图127）。

佩特拉的狭窄入口，可谓"一夫当关，万夫莫开"（图128）。两位男子装扮成当年的纳巴泰人战士，守在峡谷入口处。那么现在有"二夫守关，更加莫开"了？其实不然，很可能是"一妇即开"。即："俩夫当关，一妇即开！"因为两个大老爷们会为了争夺一个女子而打了起来，结果两败俱伤，导致没人守关，于是关就开了。历史上好像有的是这样的例子，如吴三桂和刘宗敏都抵御满清，一个陈圆圆就把山海关废了。

通过这非常狭窄的峡谷，是一件有趣的事情。两侧悬崖高耸，中间窄缝通行。我们一路上和大家一样，拍照不已。我把关键的照片都放在这里，辅以简短的图说（图129）。导游在一路上给我们讲解。由于我们已经做了一些功课，导游的话就不太关注了。

大概这样走走停停了两公里多，导游开始让我们靠右紧贴谷壁走，然后让我们转过身来看后面的绝壁，说是有很精彩的图案在绝壁上。全团人员都注视身后的绝壁，看了良久，大家一头雾水、不明所以。这时，导游突然让我们转过身来重新向前进方向看。

哈，原来如此！眼前一亮，颇有点"山重水复疑无路，柳暗花明又一村"，豁然开朗，别有洞天（图130）。原来导游的一番操作只是想让我们有个惊喜。展现在眼前的就是所谓的"宝库"（图131）。这是佩特拉最著名的建筑，最初是公元一世纪给纳巴泰国王修建的陵墓；在19世纪初被当地人称作"Al–Khazneh"，阿拉伯语"宝库"的意思，于是现在英语就称其为"Treasury"（宝库）。

我曾经在照片上多次看到这个建筑，到佩特拉一游的想法，至少有一半是由这个建筑驱动的。这个建筑实在是太奇妙了。其实这不是一个建筑，而是一个雕塑，是在岩石山体上开凿和雕塑出来的一个艺术品。

图129 正式进入了峡谷，这就是地质学上一种地貌，即所谓的"雕岩谷"（Canyon of Sculpted Rocks）。右侧绿衣者是我们的导游

图130 "山重水复疑无路,柳暗花明又一村。"豁然开朗,别有洞天。展现在眼前的就是所谓的"宝库"(Treasury),佩特拉最著名的建筑

图131 佩特拉最著名的建筑"宝库"（Treasury），建于公元一世纪

在讨论这些建筑之前，我们先对看到的自然地貌和景观做一个回顾。这样奇妙的地貌是如何形成的？这狭长蜿蜒的峡谷可谓鬼斧神工，但创造它们的不是鬼神，而是自然。我特意请教了加拿大蒙特利尔大学的著名地质学家嵇少丞教授，他恰好对此类地质形态有深入的研究。这是一种地质现象，他告诉我们，这样的地貌有一个很奇妙的中文译名"雕岩谷"（Canyon of Sculpted Rocks）。在他的著作中，详尽地阐述了这个地质现象[1]。这是一部科普作品，读者可以找来一读。

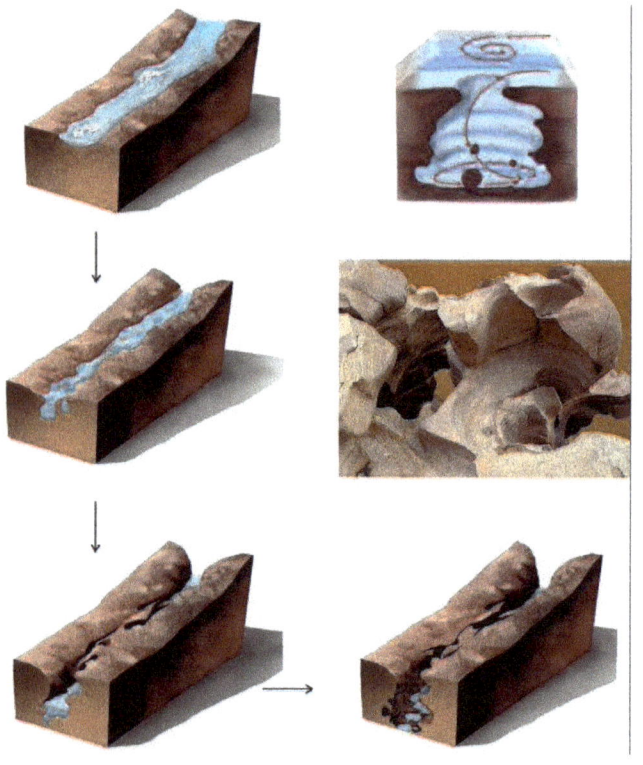

图132 壶穴和雕岩谷的产生机制，嵇少丞授权

在嵇教授的这本《雕岩谷》著作中，有专门一章讲了佩特拉。雕岩谷是在水流的作用下形成的（图132）。水流，尤其是漩涡，产生侵蚀，侵蚀产生不均，不均产生更大的漩涡，漩涡和碎石一起形

---

[1] 嵇少丞，《雕岩谷：大自然创造的美景奇观》，地质出版社，2019年

图133 领导微服私访佩特拉宝库（Treasury）

图134 这哥们肯定是不远万里从南美加勒比海这种地方来盗宝的，呵呵

图135 宝库附近的广角印象

成对岩石的打磨,产生"壶穴"(Pothole),壶穴进而由浅至深,连成一串,珠联璧合,于是,雕岩谷就出笼了。也就是说,当年这里有河流。而河流的水平位置,就在我们头顶几十米处。就是这些河流,经过几万年甚至更长时期的对岩石的切割和侵蚀,形成了今天的佩特拉"雕岩谷"。

难以想象,现在看起来和水几乎没有关系的沙漠地带,当年居然有这么大量的水,而水流当年是在今天的山峦上。当年在我们现在头顶上方30米以上处奔流的河流,今天去了哪里?当年丰沛的水资源,如今何在?沧海桑田,无处话凄凉。

我们通过雕岩谷看到了大自然的伟力。人类和自然相比,微不足道。但是,这并不意味着人类应该无所作为。在大自然面前的无所作为和肆无忌惮,都是不可取的。对大自然的肆无忌惮,注定要受到惩罚,就像苏联的所作所为导致了曾经是世界第四大湖咸海(Aral Sea)的消失(见第五章)。而对大自然的无所作为,也同样是不可取的,因为这会导致我们今天还依旧住在山洞里。人类的伟大就在于,在敬畏大自然的同时改善自身处境。

因此，比大自然的奇观更加令人赞叹的是人类的创造。在这样恶劣的自然环境下，纳巴泰人（贝多因部落之一）居然在这里创造了他们特有的建筑。这比起延安窑洞和太行山窑洞来，简直是云泥之别。这些建筑足以让以窑洞为荣的人群无地自容（图131，图138）。

你看那"宝库"的柱子，那是"科林斯柱"（Corinthian），柱帽的细部（图136），令人击节叹赏。这是"科林斯柱"，请不要叫它罗马柱，因为这是古希腊人发明的。"多里安柱"、"爱奥尼亚柱"、"科林斯柱"都是古希腊人发明的。我在前面的游记里提到过，这里权当再次提醒，免得把自己弄得像鲁镇的房地产经纪似的。

可惜的是，宝库神殿（Treasury）的雕塑，已经被破坏得几乎面目全非。我们仍然可以看到雕塑的轮廓，也可以通过世界各地博物馆里展示的那些和它们同时代的雕塑，想象它们当时的风采。庆幸的是这科林斯柱（Corinthian）和其细部，历经两千年，依旧不减风采（图136）。从科林斯柱雕塑细部依旧完好而人像雕塑毁坏严重来看，这种破坏是蓄意的，可能是出于宗教和价值观的理由，因为那些人像不符合后来者的意识形态。

图136 科林斯（Corinthian）柱和其细部，历经两千年，依旧不减风采。但是人像雕塑已经面目全非。从柱子雕塑依旧完好而人像雕塑毁坏严重来看，这种破坏是蓄意的，可能是出于宗教理由，因为这些人像不符合后来者的信仰

只要有古希腊人抵达的地方，就会有古希腊式的半圆形剧场，古罗马人继承了这个传统，并发扬光大，罗马斗兽场和普拉竞技场这样的类型就是古罗马人的创造。但是，在罗马帝国最普遍的还是古希腊式的半圆形剧场。佩特拉的罗马时期建造的剧场遗址，还依稀可见当年的风采（图137）。这个剧场可以容纳8000多名观众。

皇家陵墓在山坡上，外观已经残缺不全，内部空间依旧完好，只是所有装饰已经荡然无存（图138）。这样的空间完全是在石头上开凿出来的，建造者的坚韧不拔和矢志不渝的努力和信念可见一斑。

神殿遗址规模不小，可见当年的雄伟（图139）。这个建筑是独立的，不是在山岩上雕凿出来的，是典型的希腊罗马式建筑。古希腊和古罗马的建筑，总是给人一种坦然和向上的意境。

山岩上到处都是石窟，好像是给这些伟大建筑作的注脚（图140）。

老实说，我看到这些建筑的时候是有点崩溃的。这是一群什么人？在这样艰难恶劣的环境下，创造了这样不朽的建筑和雕塑。之所以我说是有点"崩溃"，是我想到了中国黄土高原的洞穴和窑洞。

我唯一可以聊以自慰的是敦煌石窟（图141、图142）。敦煌是值得骄傲的。但是，即便是敦煌石窟，先不说那不是一群居民创造的，而是一些外来的专业人士和艺术家创造的。那里不是他们的家乡，而仅仅是让他们去创造的工作场所。而且，敦煌的石窟完全无法和佩特拉的相提并论。再者，敦煌石窟比佩特拉晚了400年以上。

把纳巴泰的创举和黄土高原（陕北和太行山）的成就相比是恰当的。它们有诸多相似之处，比如缺水和贫瘠。唯一不同的是，前者的山丘是红色的岩石，而后者的山丘是黄色的土壤。是什么理由，使得纳巴泰人创造了远远超越黄土高原的成就？！

老粉红何新[1]曾经断言所有这些古埃及古希腊的神殿和雕塑等等

---

[1] 何新（1949年12月—），1966年"文化大革命"中上山下乡，1975年任县里的中学教师。1977年考入黑龙江省大庆师范学校。现任全国政协委员，东方美术交流协会理事。主张西方和希腊历史系伪造

图137 佩特拉剧场 (Douglas Perkins/Wikipedia/CC BY 2.0)

图138 皇家陵墓(Royal Urn Tomb),建于10BC (Bernard Gagnon/Wikipedia/CC BY-SA 3.0)

图139 大神殿(Great Temple) under Aretas IV, 9BC – AD40 (Bernard Gagnon/Wikipedia/CC BY-SA 3.0)

图140 到处是作为墓穴的石窟

图141 现在的敦煌石窟莫高窟，修缮后。总觉得不对劲，显然没有遵循梁思成的"整旧如旧"的标准 （郭QW摄影并授权，致谢。）

图142 敦煌石窟莫高窟（郭QW摄影并授权，致谢）

图143 水道的大部分是在岩石上凿出来的

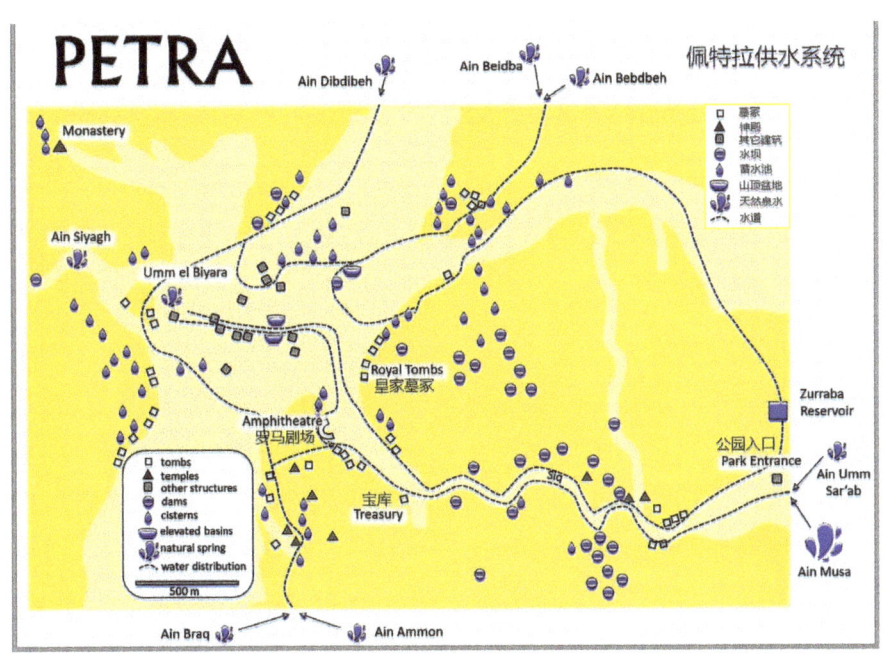

图144 佩特拉的集水供水系统（https://traveltalesoflife.com/petra-water-system, authorized by Sue and David）

都是造假的，都是文艺复兴后大工业时代造出来抬高西方贬低中国的。那逻辑简直让人笑掉大牙，想憋都憋不住。用黄土高原贫下中农的话就是"裤裆里面耍挠钩——扯球又扯蛋"。小粉红也没闲着，跟着老粉红随风起舞一起扯。好了，现在这佩特拉的地怎么洗？

佩特拉的水道是一个很多人会忽略的重要部分。对于这样一个两千年前的重镇来说，民用水是至关重要的。纳巴泰人利用了佩特拉的地形，用漫长的沟渠（图143）和众多的蓄水池把所有当地的集雨区的降雨都利用起来（图144）。蓄水池是在岩石上开凿出来的，和马萨达我们看到的有点相似（见第六章），但沟渠和蓄水池要比马萨达多得多，也复杂得多。毕竟要保证超过两万居民的用水，这个水量是非同小可的。从这些水渠可以看到这个供水系统是相当宏伟的。全程2度左右的落差，保证了水流的效率和安全。

正如我在前面（见第六章）中描述的，我在曾经的古希腊爱奥尼亚地区（今天的土耳其境内）的帕加马城（Pergamon）看到过对当年（公元前）帕加马水道的介绍（图102）。那是翻山越岭的水道，和古罗马水道有一拼。而我们知道的古罗马水道，那真的是奇迹。公元前的古罗马水道有不少今天还矗立在那里。比如这个在法国境内的建于公元前一世纪的古罗马水道（图145），全长50公里，在跨越这条河流时的高度为48.8米。全程落差才12.6米，合每公里落差25厘米，亦即0.025%的坡度。这样精确的工程即便在今天，也是令人赞叹的。

站在深深的雕岩谷底部的长长的水道边，抬头仰望那高耸的峭壁，低头审视这蜿蜒的水道。不由自问，这是何等的杰作？前者是数以万年计的大自然的鬼斧神工，后者是数千年前的人类的智慧辛劳。这对比足以令人感慨万分，人类到底是足够伟大，还是相当渺小？环顾前后左右，回想上下千年，你会觉得前者很有道理；但是你仰望头顶蓝天，冥思宇宙时空，你会觉得后者才是结论。

佩特拉还有一个现代人文小插曲。玛格丽特（Marguerite van

图145 法国Nimes城附近的古罗马水道（Pont du Gard），建于19BC。

Geldermalsen）是一位新西兰白人女性，早年到这里旅游，结果爱上了这里，还和一个本地人结了婚。她著有一本书《嫁给贝多因人》（Married to a Bedouin）。她后来就在佩特拉长居了下来，经营一家旅游纪念品商店。她的店以儿子的名字命名，"Umm Raami's Shop"，主要经营当地设计制作的银质饰品（图146）。现在丈夫过世，儿子在经营一个旅行社。

导游警告我们不要乱买东西。导游也是当地人，他显然是为了维护自己旅行社的名声和顾客的利益，

图146 玛格丽特的故事

告诉我们不要随意去买那些口吐莲花的摊贩的东西，也不要随意和推销产品或服务的人搭话。但是，他说那个玛格丽特店里的东西你们可以放心买。可见商业信誉的重要性。

这是很长的一天，但是并不觉得累。驻地是旅行社安排的，是佩特拉城里的一家宾馆。外观和内部都还不错。

8.3 古罗马和汉帝国

华夏文明和地中海文明是什么时候开始交流的？这是一个很有意思的问题。佩特拉的鼎盛时期，已经是希腊化的晚期，也是罗马从共和国走向帝国的时期。从这几张地图（图147、图148、图149）中，我们可以理解：当时西汉的张骞西行，已经进入了希腊化地区；而汉朝的一些扩张，如李广利的西征，也和希腊化地区产生了重合。

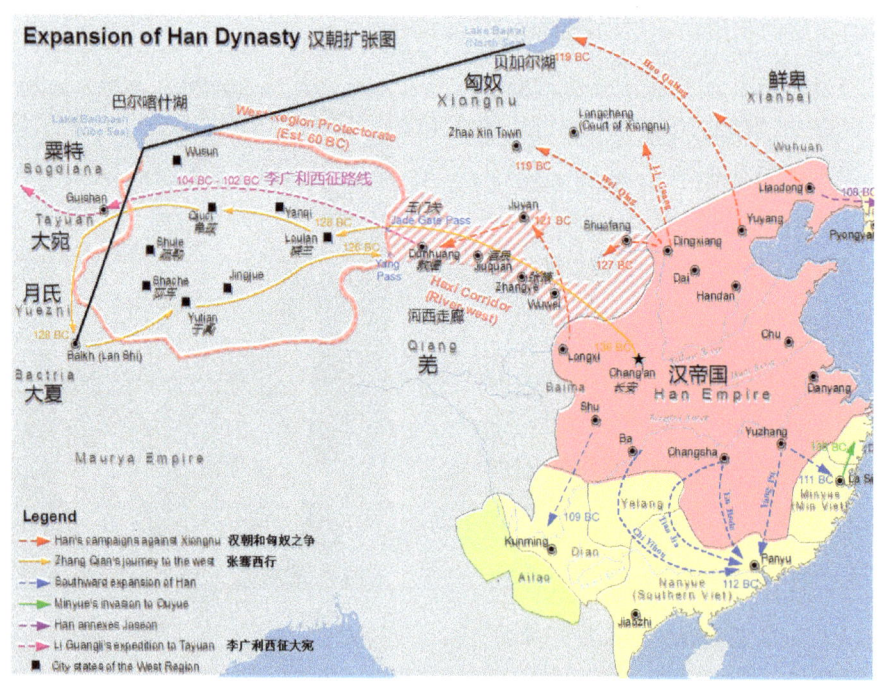

图147 西汉时期的版图和西域，以及张骞的西行路线和李广利的西征路线，途中黑线的位置就是图148中红线的位置。(SY/Wikipedia/CC BY-SA 4.0)

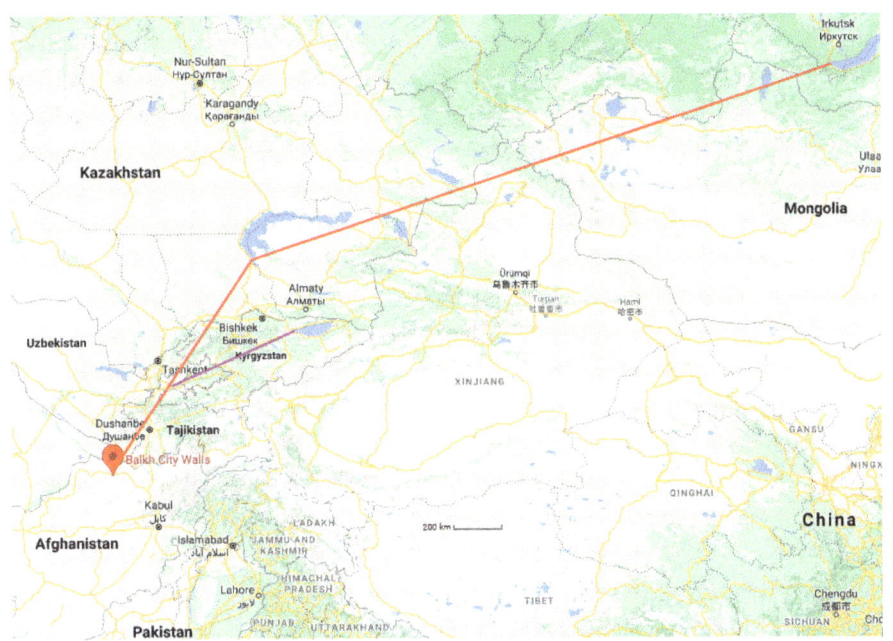

图148 参考图,用以说明相对位置,途中的红线就是图147的黑线位置,而紫线的位置就是图149中红线的位置

图149 亚历山大远征图,所到之处就是希腊化地区。这些地区显然和西汉不确定的西部区域(图147中的虚线部分)有某些重合。(Wikipedia/CC BY-SY 30)

参考这些汉朝扩张图和亚历山大远征图，我们可以得知，汉朝在亚历山大之后200年，也到了希腊化地区。也就是说，汉朝和希腊化地区从公元前100年开始就有所接触了。

那么，希腊化是否对华夏有所影响？首先，地中海文明对华夏的影响是显而易见的。青铜器显然是西来的，最近三星堆的一些发现也是佐证。希腊化开始后的影响更加具有现代意义。李广利西征抵达的大宛（图147中的Tayuan），其实已经在以亚历山大命名的 Alexander Eschate 地区（图149中红线左下端）。尽管在空间上确有交集，遗憾的是，和古希腊文明的直接交流可能以数十年的差距在时间上失之交臂了。对此，我们需要进一步的分析。

我在写这游记系列的时候，内心是很复杂的。面对这些自然和人文的证据，我想的远比我在此表达的多。

我曾经读过余秋雨的散文，以文人的标准衡量，他已经做得不错了。但是，我们是学理工的，我们的标准应该更高。我知道文科生看到这里连扇耳光的心思都有了。不过我的意思并非贬低文科背景的，因为他们的情商通常在我们之上，对此我们只有羡慕。但是，对于科学、历史、人文和宗教错综复杂的阐述，只有我们理工的才可能胜任。我写的，是余秋雨们永远写不出来的。

如果文科生仍然愤愤不平的话，就这么想，像在小河里造水坝这样的事情只有水獭才可以胜任，而孔雀不干这样的活。我们就是水獭，你们就是孔雀。这样说，你们就不容易生气了。

离开佩特拉那苍凉的废墟时，我更多想到的是其在希腊化时期和古罗马时期曾经的繁华。那个诞生在距离亚历山大远征的最东线只有咫尺之遥的中亚碎叶城的李白，总是像幽灵一样，挥之不去。

箫声咽，秦娥梦断秦楼月。
秦楼月，年年柳色，灞陵伤别。

乐游原上清秋节，咸阳古道音尘绝。

音尘绝，西风残照，汉家陵阙。[1]

只是，那陵阙，还醒目可见，却不是汉朝的。

那汉朝的，早已在地面上荡然无存，无处寻觅。

---

[1] 唐·李白：《忆秦娥·箫声咽》。

9

佩特拉-安曼-马达巴-尼波山-耶路撒冷

星期三 旅行时间：2020-02-13 星期四

昨天下午旅游团回到佩特拉出口的时候，导游根据每个人的不同路线，安排第二天的行程。有的人会在佩特拉再待一天，有的人直接回耶路撒冷。我们有点惊讶，这个团第二天去安曼的就我们俩人。导游说明天有车一早到宾馆来接我们。好吧，但是我们不知道两个人会给安排什么车，也许是顺路的大巴吧。

早上起来吃喝洗漱完毕，等来了车，发现是一辆很不错的出租车。看来，别的团也没有同行去安曼的，我们属于绝无仅有。上了车就和司机确定路线。安曼、马达巴、尼波山，然后死海边看看，就去艾伦比桥海关进以色列。后面的行程他就不管了，他的车去不了以色列。

今天的旅程任务比较重，佩特拉－安曼－马达巴－尼波山－死海边－艾伦比桥－耶路撒冷（图150，图151），光开车就要将近六小时，还要过海关。我们不知道这个艾伦比海关麻烦程度如何。从以色列进约旦时，过埃拉特海关用了一小时，希望回去时不会比这长很多。过了关还要换车，有点忐忑。这种时候，我总是想起"墨菲定律"。请看在我们朝觐摩西古迹的份上，让墨菲定律暂时失效吧。阿门！（尚不知道"墨菲定律"的，请看完下文，就知道啦。）

这个艾伦比桥，是以一战时英国将军艾伦比命名的。1918年，埃德蒙·艾伦比（Edmund Allenby）在奥斯曼帝国建造的毁于地震的原桥址上，重新修建了这座桥。这个艾伦比在电影《阿拉伯的劳伦斯》里有几个镜头。这个关口看起来对从耶路撒冷出发去约旦的旅游者很方便，但是不知道为什么我们在网上查路线，总也不显示过艾伦比桥的路线，而是绕道埃拉特或者北边靠近加利利海的关口。

其实，杰拉什（Jerash，图150中橙色圈内）很值得一去。杰拉什作为城市，最早在希腊化时期由亚历山大大帝建造，后来是一个古罗马城市，有不少遗址，比安曼要多。但是，即便可以出资让司机带我们去，时间也是不够的。

总是回想起佩特拉。没有信仰的人不太可能造出那样的建筑，或者雕刻出那样的雕塑。就像埃及的金字塔，过去有人说那是奴隶建造的，现在已经肯定那是由一群自由民建造的。他们建造金字塔的理由就是信仰。没有信仰的人，一般都是在完成使用功能后就停止了创造。挖的山洞可以遮风避雨就可以了，哪里还会精雕细琢？我总觉得华夏民族太急功近利，阻碍了很多和功利有距离的创造。

图150 今天旅途第一程：佩特拉-安曼。杰拉什是古罗马城市，但是没有在行程中

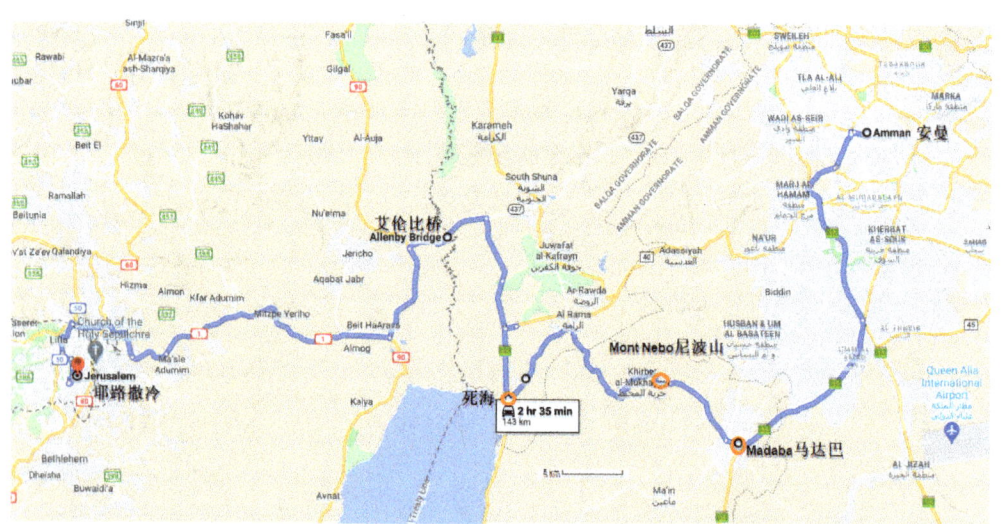

图151 今天旅途第二程：安曼-马达巴-尼波山-艾伦比桥-耶路撒冷

看看在华夏，还有1000年以上仍矗立在地面上的古迹吗？绝无仅有了吧。那个赵州桥和都江堰都不知道整修了多少遍了。

汉朝和罗马基本处于同一个时间，然而，在地球表面，罗马的古迹到处矗立，而汉朝的古迹了无影踪。这是一个困惑了我很久的问题。难道华夏造的东西就那么经不起时间的检验？！

古埃及宗教和两河流域文明宗教，都是复杂的多神信仰。比如埃及的宗教活动以法老为中心，人们相信法老是神的代理人。古希腊也是多神论，但是他们对神要直接得多，没有什么神的代理人，他们的神也不完美，只是神力无边长生不老而已。他们调侃神就像他们调侃自己。古罗马继承了古希腊的传统，只是功利了一些。

埃及和两河的神基本上是"伟大、光荣、正确"的，但是古希腊人对神是这样认为的，"有点伟大，未必光荣，常不正确"。诸神摊上古希腊这帮"二百五"，也是没啥办法。就像一个老子摊上了一个不听话但是有出息的儿子，能说啥呢？

"你小子听好了！你这么不服管教，你以后的事情你自己负责，以后你没有工作没有饭吃，不要找我！"

"我一直听着呢，对您尊敬着呢。不过我有我的想法，未必都按你的做。反正您是长生不老的，遗产我们也继承不到，只好靠自己。"

你要是奥林匹斯山上的诸神，你也得气得背过气去。但是又一想，这小子确实有出息，算了吧，由他去吧。再说这小子创造出来的东西，自己也不懂啊？

最惨的是释迦牟尼和太上老君了吧？

"你说我们那些子孙，天天跪着拜着问我们要好处，自己却不创造，你说咋整呢？还有给我们送一斤水果，却要我们给他一万两黄金的。我们是冤大头吗？"

纳巴泰人信奉多神教，崇拜各种各样的神，包括伊希斯（Isis）和希腊－罗马诸神。我这里特地提到了Isis，这是古埃及的神。因为我希望伊斯兰恐怖主义组织不至于污名化这个名称。伊斯兰国被一些媒体称作ISIS，因为这是其英语"Islamic State of Iraq and Syria"（伊拉克和叙利亚伊斯兰国）的缩写。这是不应该的，因为这污名化了一位古埃及的神。

我们看到，多神论地区的创造力普遍超越了一神论地区。至少在地中海和两河流域是这样的。一神论的以色列远没有这么厉害。而进入一神论的罗马地区和希腊地区，在中世纪也乏善可陈。这是为什么？不过，多神论的华夏也没有多少创造。结论应该是：==神的多少并不决定创造力，而禁锢的多少肯定有影响。古希腊的创造力和其思想的自由是正相关的。他们的神不仅没有限制他们的自由，而是鼓励了这种自由，尤其是批判精神和思辨精神==。看来失去了选择，没有了竞争，就会导致创造力式微。

文艺复兴后的一神教是另外一回事。因为精英阶层和社会恢复了"批判精神，竞争精神，思辨精神和人本主义精神"。意识决定存在，而不是倒过来——我一直如此认为。

9.1 安曼古罗马剧场和遐想

从佩特拉至安曼一路顺利，10:49我们抵达了安曼的罗马剧场。司机把车停在路边，买好了门票给我们，说"你们进去，我在这里等着"。很理解，如果我是司机，也这么想：你们这帮傻帽好好玩，这地方我来多了，我歇会儿。

罗马圆形剧场位于约旦首都安曼的 Jabal Al-Joufah 山脚下，在安曼城堡对面的一座小山上。其中一根柱子上的希腊铭文表明，这个圆形剧场建于公元二世纪，是为了纪念罗马皇帝安东尼·庇乌斯（Antonius Pius，在位138-161AD）。剧场不小，非常陡峭，可以容纳约6000人。和几乎所有的古希腊剧场一样，它顺势建在山坡上（图152，图153，图154）。它面向北方，以防止阳光直射观众的眼睛。

我去过不少古希腊古罗马遗址，每个遗址都有剧场，给人印象深刻。安曼剧场的陡峭程度可能只有帕加马（Pergamon）的超过它（图155）。

在罗马剧场，看到几个穆斯林女孩子也在仔细地参观。这令人好奇，我对约旦顿生好感。连穆斯林女孩都在认真参观古希腊、古罗马剧场，那谁谁谁，你们还不好好地跟着我仔细阅读我的游记？

我们走近后一看，嘿，都长得挺漂亮。问她们，可以拍一张她们的照片吗？人家还不同意。好吧，人家不同意。但是很可惜，否则我可以好好宣传一下她们和约旦。我发现约旦人，尤其是女孩，长得还都周正漂亮。

我对希腊剧场有特殊的好奇和联想，因此我把几座著名的古希腊剧场都展示在这里（图155，图156，图157，图158，图159）。以弗所、米利都和帕加马在爱奥尼亚地区（今土耳其境内），德尔菲在希腊本土，埃皮达鲁斯在伯罗奔尼撒半岛。德尔菲很特殊，那里的神谕（Oracle）非常著名。说到Oracle，不知道哪个蠢货把Oracle公司翻译成了"甲骨文公司"。本来Oracle公司就想着沾一点德尔菲神谕的光，结果被搞成了不伦不类的"甲骨文"。这和把餐单上的"干爆鸭子"翻译成"Fuck the duck until it explodes"异曲同工，能把餐馆老板气晕过去。

9.2 古希腊剧场和中国戏台的迥异

可能有人会不解，你把这么多的古希腊剧场放在这里给我们看是为啥？这是一个很好的问题。我要告诉你们的是，科学和民主之所以起源于古希腊，和古希腊的剧场有着千丝万缕的联系，当然

图152 安曼罗马剧场（138 AD）全景，不是很大，可容纳6000人，保存得不错

图153 安曼罗马剧场

图154 安曼剧场是一个很陡的希腊罗马式剧场。我看到过的比这更陡的只有帕加马（Pergamon）的剧场

图155 帕加马（Pergamon）古希腊剧场（Amphitheater，公元前3世纪），可容纳10000人，应该是世界上最陡峭的剧场，摄于2009

图156 伯罗奔尼撒半岛的埃皮达鲁斯（Epidaurus）古希腊剧场（Amphitheater），公元前4世纪，可容纳14000人，这是保护得最好的古希腊剧场。摄于2016

图157 以弗所（Ephesus）剧场，公元前3世纪，罗马时代扩建，可容纳25000人。摄于2009

图158 米利都（Miletus）剧场，300 BC，可容纳15,000人，摄于2009

图159 德尔菲（Delphi）剧场，建于公元前4世纪，修缮于160 BC，可容纳4500人。摄于2008年

和那里的演出也分不开，其中"悲剧"是其中一个伟大的原因。请注意，古希腊的"悲剧"和哭哭啼啼的惨剧没有一毛钱的关系。这个话题过于复杂，这里就不展开了。简短的结论是，这些古希腊剧场鼓励和感召了古希腊特有的，而别的任何民族都没有的，理性和勇气，使得古希腊人能够直面挑战正视艰难。

我们可以对照一下东方的剧场（图161），或者天坛这样的地方。皇帝不会对公众讲话，最多是到天坛（图160）这样的地方去一下，面对匍匐在地的子民，昭示一下皇恩浩荡。中国的戏台和天坛也许就是和西方差距的密码。

宗教组织也缺乏古希腊人的勇气，比如教皇从梵蒂冈的阳台冒出来，对仰望他的信徒讲话，这比起雅典政治家在古希腊剧场里对着俯视自己的公民讲话就差太多了。这就是神本主义和人本主义的差距。而当舵手们在城楼上向奴才们挥手致意，奴才们热泪盈眶、欢呼雀跃、匍匐在地时，就更加不可同日而语了。这就是官本主义的症状。

没有哪个文明，如古希腊那样把自己的领导人放在地势最低的地方，任由他们俯视挑剔。而那些民选的领导人，也非常乐意在最低位置的讲坛上，向他们的父老乡亲发表演说。 对比之下，可以理解，东方民族的问题之一是从来不敢俯视权力。鼻孔朝天的皇帝和匍匐在地的子民，构成了稳定的结构。不管造反和动乱有多么轰轰烈烈、血流成河，过后依然如旧、重蹈覆辙。除了朝代的名号改了，别的什么也没有变，正如资中筠先生所言："上面还是西太后，下面还是义和团"。

古希腊式的剧场没有产生在任何别的文明中，而仅仅产生在古希腊文明中，这到底是为什么？我百思不得其解，但充满崇敬，这也正是我每到一地，都要朝觐古希腊剧场的理由。

古罗马发扬光大了这种形式。罗马所到之处，必建古希腊剧场。可惜的是，也是罗马，把古希腊的精神丢弃殆尽。

图160 北京天坛,皇上祭天及昭示臣民的地方。皇上往高处一站,子民往地下一跪,就天地和谐了 (Fong Chen/Wikipedia/public domain)

图161 中国式戏台和剧场。从小学会仰视在台上的人(Jakob Montrasio/Wikipedia/CC BY-CA 2.0)

9.3 安曼城堡和博物馆

从古罗马剧场出来,我们来到了安曼城堡(Citadel of Amman)。这个城堡就在安曼的中心东侧的一个山头上。那里现在有一些古迹和一个博物馆,在那里还可以俯瞰全城。

这里有罗马时代大力神殿的遗址。有一些当年大力神雕塑的残骸在这里出土。我们已经无从知道这个大力神雕塑的样子,只能从这些巨大的碎片推测当时雕像的巨大,不过我们可以从别的罗马大力神雕塑想象当时的这个雕像。这是陈列在意大利那不勒斯(Naples)国家考古博物馆(National Archeology Museum)的大力神(古罗马的Hercules,即古希腊的Heracles)雕塑(图162)。雕塑高3.7米,Glycon作于200－210 AD,是按照古希腊Lysippus的公元前四世纪的青铜原作制作的复制品。

此雕塑原来在罗马的卡拉卡拉(Caracalla)公共浴室。它描绘了赫拉克勒斯(大力神)在赫斯珀里得斯(Hesperides)的花园取回金苹果后休息。他把金苹果藏在他的背后,看那样子是偷的。反正古希腊的神都喜欢恶作剧,古希腊人也喜欢恶作剧他们的神,搞得人民大众觉得与其相信什么"伟大光荣正确",还不如相信自己。于是科学和民主就诞生了。

从城堡可以一览无余地俯瞰安曼全城。安曼市容并不令人印象深刻,正面的和反面的都没有。整个城市好像就是围着城堡建造的。安曼剧场就在城堡下不远的地方(图163)。

安曼城堡的废墟和别的古希腊古罗马的废墟比起来,无论在年代的久远和规模的宏伟上都逊色很多。这里距离古希腊和古罗马都相当遥远,因此可以理解。安曼地处新月沃土地区,历史悠久。从安曼城堡的三块石碑上的文字(图164),我们可知安曼历史的大致主线(碑上竖写的英文大字是安曼当时的称呼,横向的小字是对应的各个时期):

大力神,公元2-3世纪的罗马复制品,希腊原作为公元前4世纪

图162 大力神(古罗马的Hercules 即古希腊的Heracles),高3.7米,Glycon作于200－210 AD(按照古希腊Lysippus的公元前4世纪的青铜原作),陈列于意大利那不勒斯国家考古博物馆(Archaeological Museum of Naples, Italy),摄于2016

图163 从安曼城堡(Citadel)俯瞰罗马剧场

图164 安曼城堡废墟，三块碑上写着拉丁字母拼写的大字是安曼曾经的名称（从左到右）：Amman, Philadelphia, Rabbath Ammon

Rabbath Ammon：从新石器时代，到波斯时代，到希腊化时代。（请注意进入青铜时代是在2300 BC）

Philadelphia：从希腊化时代，到罗马时代，到拜占庭时代。

Amman：从倭马亚（Umayyad）时代一直到奥斯曼（Ottoman）时代。

有同学会问，"怎么费城（Philadelphia）到这里来了？"标准答案：因为费城是抄人家的。希腊化时期的埃及托勒密二世国王（PtolemyII，希腊人，在位283 – 246BC），以他的绰号Philadelphus（古希腊文：Φιλαδέλφεια）命名这座城市为"Philadelphia"。无疑，美国喜欢抄希腊的。如果看看美国的地名有多少是照抄古希腊的，你就明白了。

城堡上有一个博物馆，陈列着约旦和其它周边地区出土的文物。博物馆并不起眼，但是陈列的文物还是很有意思的。

这个雕塑（图165）是代达罗斯（Daedalus），在安曼本地出土。这尊雕像的制作水平并不太高，但是可见此地受古希腊和古罗马的影响。这尊雕像和前面展示的大力神雕像，都是古希腊风格的。古罗马风格的除了在服装上有所区别外，主要就是用无花果叶子遮住了"小鸡鸡"。而古希腊人是不屑于这样遮遮掩掩的，他们很坦然，全裸。当然，早期的古罗马风格和古希腊很相似，只是到了基督教成为国教后，就开始扭扭捏捏了。

这是安曼加苏勒（Ghassul）的加苏勒文化遗址出土的铜石共用时期（Chalcolithic）的工具（图166），我当时就想起了在中国杭州良渚博物院看到的，良渚新石器文化遗址出土的石器。我这里举例其中之一，是一种石器锄头（图167）。当时我在良渚博物院参观时，一看就哑然失笑，你造假也要有点水平，这样的假，造得也太没有档次了。你看那孔的加工。这明明是现代机床加工的。你想想，用石头工具加工另一个石头，这个孔怎么可能这么规则和锋利？

图165 代达罗斯（Daedalus），希腊神话中建造克里特迷宫的神，作于罗马时期，公元2－3世纪

图166 铜石共用时期（Chalcolithic）的石器，约旦加苏勒（Ghassul）出土，对比良渚石器（图167）的孔

图167 良渚博物馆陈列的据说是新石器时期（Neolithic）的石器，对比约旦石器（图166）的孔

在没有金属的时代，给石头打孔也是可以的，大致上的方法是用棍子旋转，在棍子和被加工的石头之间放上硬的沙砾，用沙砾在石头上磨出一个洞。这样的加工结果，不可能有锋利的加工边缘，而且孔也不可能非常圆。看看这些孔（图167），诸位看官应该更理解一句笔者喜欢的调侃："这个世界上只有两种东西是无限的——愚蠢和贪婪"。这些孔的加工完全不可能是在石器时期完成的。

9.4 马达巴和拜占庭及倭马亚

离开安曼，我们奔向马达巴（Madaba，古希腊文:Μηδαβα）。马达巴位于首都安曼西南30公里处，是约旦中部马达巴省的首府，人口约六万。其最著名的是拜占庭（Byzantium）帝国和倭马亚（Umayyad）王朝时期的马赛克。

马达巴可以追溯到青铜时代中期，其曾经是摩押（Moab）人的边境城市，在《圣经》"民数记"（Numbers）21:30和"约书亚记"（Joshua）13:9中被提及。后文提到的尼波山和摩西，就和此地有关。公元2-7世纪，在罗马和拜占庭帝国的统治下，这座城市成为了罗马皇帝图拉真建立的阿拉伯省的一部分，以取代纳巴泰的佩特拉王国，也就是我们刚游览和感慨过的佩特拉。罗马人真牛，所向披靡，把人家的王国瞬间就变成了省，就如同把犹太国变成了犹太省。

到了马达巴，司机把我们带到了一个教堂。教堂门口有希腊文，因此那个教堂也应该是拜占庭时期的（图168）。我对司机说我们想去看看最著名的马赛克，教堂就不去了。司机很配合，就带我们去那个我们在网上查好的著名马赛克博物馆。

约旦街头的景色让人觉得约旦的节奏很慵懒，其实，这挺好。估计那天全约旦最忙的就是我们两个歪果仁（外国人）。我们看到的约旦本地人显得悠闲自得，甚至百无聊赖。

图168 拜占庭时期的教堂，门口牌子上可见希腊文

图169 马达巴拜占庭时期的马赛克

约旦的城市街头，到处都是约旦老国王和新国王的标准像。约旦是君主立宪制，因此国王的权力有限；但是国王参与行政管理，因此权力要比英国女王的大。约旦是中东最稳定的国家，社会比较宽松，这给约旦人带来了不少好处。

很快，我们找到了那个马赛克博物馆。那些拜占庭时期的马赛克，确实不同凡响。这样一幅马赛克拼图要用多少块小石头？上百万？各种各样的自然颜色的小石头，敲碎了，一块块拼起来，做到如此精美，实在让人叹为观止（图169）。不过对比我们曾经展示过的庞贝马赛克（见第六章），这也没有什么值得太惊奇的。庞贝的马赛克早于此至少500年。

9.5 尼波山和摩西

马不停蹄，奔向尼波山。到了尼波山（Mount Nebo），直奔山顶。据说能见度好的时候可以看到耶路撒冷，而耶利哥更不在话下。但是今天这样的能见度，看到死海都困难。我估计左上角那一点发亮的地方就是死海的最北端。从尼波山头的海拔730米到死海的海拔 -430米，13公里的水平距离就有1100多米的落差。

在尼波山头，极目远眺，耶路撒冷没有看到，耶利哥也不见踪影，但还是要留一张影，以便证明摩西来过的地方我们也来过了，尽管对摩西的故事不能肯定其真实性。

根据《圣经·旧约》中的"申命记"（Deuteronomy）的最后一章，上帝允许摩西登上尼波山去观看迦南地带，亦即上帝应许以色列人的"流奶与蜜"之地。上帝说，摩西会带领以色列人到那里，但是他自己将不会进入。果不其然，他死在了摩押。

我觉得以色列人的故事编得确实好。情节生动，有张有弛，有理有节，绝不像良渚博物院的那些专家，连一个石头上的孔的假都造不好。

从尼波山下来，就奔到了死海边。那里冷冷清清，没有一个人影。季节不对，天气太冷；年份不对，病毒猖狂。尽管如此，约旦一侧的死海，我们还是要"视察"一下。这里显然是在建造一个度假村（图170）。道路和房屋都已经建造好了，绿化也进行了一部分。这块地方看起来要比我们在以色列一侧的死海边度假村地段要好，毕竟是在约旦河注入死海的附近。

9.6 约以边境的艾伦比桥海关

我们终于到了艾伦比桥，和出租车司机说再见，给了他不错的

图170 约旦一侧看死海，这里是死海的最北端

小费，他挺开心。

从约旦出境很简单，但是到了以色列的入境却挺麻烦。我们只好等着，看着没有几个人，但是等起来时间不短。

在海关的厅里坐着，碰到一家人，看起来是欧洲人，说的是西班牙语。这一家夫妇带三个孩子，个个都长得帅哥靓妹。他们也说英语，于是顺便就聊了起来，他们居然是阿根廷人。很有意思的国家，几次想去，一直未能成行。

我没好意思问"你们阿根廷人怎么把欧化最好的南美国家搞成后来那样了？"那会太不礼貌了。看他们的样子，有可能是德国移民，因为一战二战后德国和奥地利很多人移民阿根廷，比如那位著名音乐家指挥家 Carlos Kleiber。我们聊了一会儿 Kleiber 和音乐。如果你喜欢古典音乐，请欣赏一下 Kleiber 的指挥。如果你还没有喜欢古典音乐，是时候开始了。

好不容易，我们的过关手续办好了。

我们到那时还不知道过境后如何找到旅行社的车，旅行社也没回我的信息，看起来不是很顺利。我只好给他们打电话，一听好像他们根本没有想起来我们今天要回耶路撒冷。在我再三追问下，他们说有一辆车就在附近，马上会来。我们怎么等也没来。后来又打电话，旅行社又说那辆车没法来了，会派专车来接。我们估计他们确实是忘记了，而我打电话去的时候正好有一辆车在附近，但是肯定是满员了还是有别的不方便，于是又派人从耶路撒冷开车过来接我们。这个世界，有用的东西总是供不应求，而笨蛋总是供过于求。但是，人家还是有诚意解决问题的。

这时，从我们出关开始已经等了有一个小时多了，天也黑了。我觉得这个事情有点不太妙，你想，我们从耶路撒冷出发是一辆不错的车，到了埃拉特就换成了一辆还说得过去的车，然后从佩特拉出来就成了一辆出租车。车倒是都不错，但是越换越小。我估计按照这个趋势，可能会来一辆摩托车，但是千万不要是自行车。

车不来，饭得吃，只有一个餐厅，为以色列海关服务的，就餐的大部分是以色列士兵。有几个女兵还挺漂亮，但是车没有着落，弄得看美女的心情大受影响，连张照片都没拍。

等到旅行社派车来时已经非常晚了。还好，最后来的是一辆不错的10人商务车。空车，就接我们两个。司机是一个穆斯林小伙，好像还是加拿大永久居民或公民。我们一路上把旅行社骂了一顿。这才知道是旅行社把小伙子从家里临时拉出来开车的，说是旅行社有人安排出错，要他临时跑一趟。果不其然。

到了目的地，我们给了小伙子一些小费，谢谢他被旅行社临时找去开车接我们。耶路撒冷的驻地和我们大前天入住的是同一个，熟门熟路，很方便就入住了。已经是晚上九点多了，如果是新的驻地，那可真的惨了。

今天折腾够久够多，赶紧洗澡洗衣服，结果看似洗涤剂的容器上，写的都是希伯来文。拍照片发给房东才搞明白，哪个是洗衣服的、还是洗碗的、还是拖地板的。还好，我们一开始认为是洗衣服的其实是洗碗的。

今天结果远远比我们估计的要耗时多得多。连海关带等车至少2.5小时。也就是说，这一天，我们有近9个小时消耗在旅途上了。

今天再次证明了"墨菲定律"才是伟大光荣正确的——

> 任何可能出错的都必将出错，而那些不可能出错的也照样出错。
>
> （Anything that can go wrong will go wrong. If anything simply cannot go wrong, it will anyway.）

好在我们是理工男，熟知"墨菲定律"幽默的普适性，且有心理准备，常备方案B。

我们必须乐观地期待明天，同时悲观地忧虑今天，这才可以既充满希望，又脚踏实地。

说起忧虑，不禁想到：

> 居庙堂之高则忧其民；处江湖之远则忧其君。是进亦忧，退亦忧，然则何时而乐耶？其必曰：先天下之忧而忧，后天下之乐而乐。欤！噫！微斯人，吾谁与归？

你一个理工男扯范仲淹干什么？其实，我是醉翁之意不在酒：

范仲淹忧的是皇上和子民，摩西忧的是上帝和子民，惟有古希腊梭伦那帮"二百五"，既不要皇上，也不要上帝，也不要子民，却开天辟地搞出来一个"公民"。

10

耶路撒冷

旅行时间：2020-02-14 星期五

这是一座独一无二的城市，这里经历了太多的沧海桑田，任何关于耶路撒冷的陈述，都是艰难的。于是，这注定是艰难的一章，而且一旦开头，注定难有结尾。

在我刚提笔准备写耶路撒冷的时候，突然全世界都把目光投向了这块地方——以色列和巴勒斯坦，这是由于2021年5月中旬以色列和巴勒斯坦的冲突。这样的冲突其实已经持续了几个世纪，在可见的将来还将持续下去，但是人们对于突发的升级还是倍感忧虑。

我本来游记中就要写到以巴（以色列巴勒斯坦）历史，现在也许更必不可少。如何陈述和分析以巴冲突？有人信誓旦旦："在鸡蛋和石头的冲突中，我永远站在鸡蛋一边"。呀呀呀呀呀呀，好英勇！但是，我总觉得，说这话的人是装逼上的巨人、逻辑上的侏儒。他们自感非常高尚，因为他们总声称站在弱者一边。其实他们趋炎附势，唯利是图。他们"勇他人之敢，慷他人之慨"，他们从来不曾也不准备为正义或真正的弱者做任何牺牲，而只是拿"弱者"的标签来伪装善良。我们应该问他们"那么你们一定会和冻僵了的毒蛇站在一起？"毫无疑问，毒蛇在冻僵的时候是弱者。按照他们的逻辑，那就是，每个人都应该站在冻僵了的毒蛇一边。他们鼓励所有的人同情毒蛇，并在自己家里豢养毒蛇，而他们自己则有另外一套。

我从来没有喜欢过以色列，理由会在本章后面提到，但是在以巴此类冲突中，我责无旁贷地站在以色列一边。理由很简单，以色列的对立面是野蛮和暴政。站在故意屠杀平民的一边，还是站在专注刺杀罪犯的一边？这应该不是一个困难的选择。如果你还有正义感，在这样的冲突中，你必须站在以色列一边。

这毕竟是游记，还是让我们闪回到旅行的当天——2020年2月14日。早上起来，首先意识到的是：这里是耶路撒冷。对很多人，尤其是基督徒，想起这个地名就会充满特殊的情感。尽管我不是基督徒，但是我对耶路撒冷有着相当的期待。算上几天前抵达耶路撒冷又匆匆离去的那半天，这是我第二次来耶路撒冷了。哈，久违了，耶路撒冷！

10.1 耶路撒冷综合症

有一种心理疾病，叫做"耶路撒冷综合症"（Jerusalem Syndrome），说的是对宗教的信仰如此痴迷，把耶路撒冷想得无比神圣，以至于人到了耶路撒冷就出现了精神症状：幻听、幻觉、神魂颠倒、胡言乱语。我同情这些人，因为他们确实有信仰，只是沉湎太深。我不耻的是鲁镇的一些阿Q，把个和大家一样吃饭拉屎的普通人坐过的椅子和踩出的脚印供奉起来，这确实令人认定他们"愚不可及"。其愚不可及到这样的地步，以至今天还在怀念那个不堪回首的时代。

要讲明白耶路撒冷，很不容易。有两本书（图171），从两个侧面，展示了耶路撒冷。其中一本，是2011年出版的，其英文原名更加准确，而其汉译书名更加吸引国人，这就是《耶路撒冷三千年》（Jerusalem: The Biography）。另一本，是很久以前（1938）出版的《雅典和耶路撒冷》（Athens and Jerusalem，原名：Афины и Иерусалим）。我在本章没有足够的篇幅来深入讨论它们，但是在第十二章（终结篇），我会和大家一起比较深入地探讨。

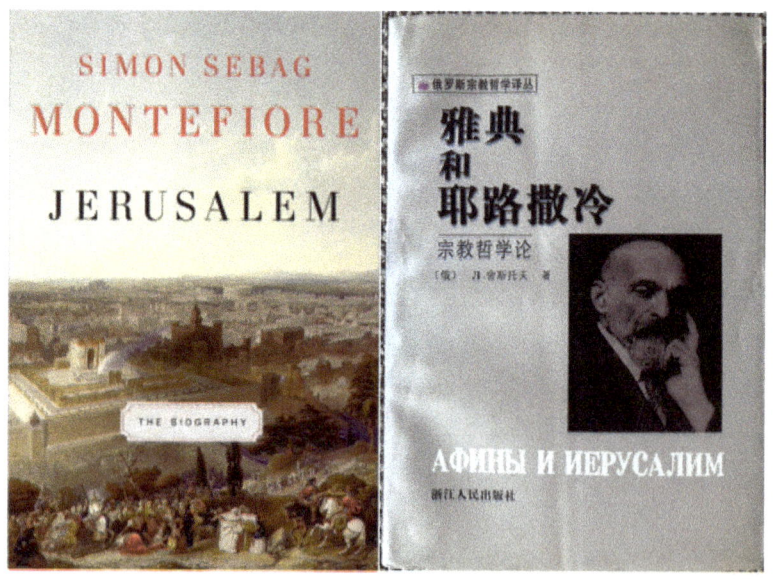

图171 两本有意思的关于耶路撒冷的书，左侧的讲历史，右侧的讲哲学

推开窗户，外面的阔叶林木，全部有枝无叶，令人感到冬天的肃杀；但是长青树种，依旧绿意盎然，让人觉得秋意尚在，且春天不远。天气不错，温度不低，步行最好。驻地距离老城哭墙只有三公里多，按照地图走就是了。

耶路撒冷同时是三大宗教的圣地，为此我们准备去看看这三大宗教在此最神圣的地方：犹太人的哭墙（Wailing Wall）、基督教的圣墓教堂（Sepulchre）和伊斯兰教在圣殿山上的圆顶清真寺（Dome of the Rock）及阿克萨清真寺（Al–Aqsa）。

刚上路不久，两个理工男就争论了起来，居然是关于耶路撒冷建筑物楼面的石头墙问题——那仅仅是几厘米厚的贴面，还是真的厚重的石头？柳L持前者，我持后者。我的证据很简单，拐角上的石头已经这么明显了（图172），不是吗？柳L不服，认为这样厚的石头完全没有必要用于钢筋水泥结构的建筑物，太浪费了。你要是知道我们哈工大宿舍的辩论历史，就知道这种争论是多么正常了。

我们看到路上有个犹太小伙子路过，就毫不客气地打招呼："Hi! Do you speak English?"耶路撒冷人好像英语都不错，他还挺愿意聊，于是问他这墙是怎么回事。估计这小子肯定心里说，这俩歪果仁肯定是"二百五"。但是他很友好，一般聪明人碰到神经病都要表现友好，尤其是一下子碰到俩，免得这俩立即同时发作。他居然说，现在耶路撒冷的楼大部分是钢筋水泥的，外面就是石头贴面，不厚的。嘿，这小子居然站在了柳L一边。我问他眼前的墙也是贴面吗？他看了觉得不像贴面，但是不能肯定。

我们各执己见。其实，我也觉得柳L的观点是有道理的，钢筋水泥的楼房确实没有必要用这么厚的石头再砌一遍墙，用薄石头贴面是符合逻辑的。这么精明的犹太人，不应该在这上面浪费资源。但是那拐角的石头，却令人确信所用的石头就是这么厚重，而且，我们所见的楼都是这样的拐角。

后来我发现，确实有薄石头贴面的，只是在拐角的地方用了厚

图172 和柳L就这类石头墙面问题争执

重的石头，而在一般非拐角的墙上用了薄石头，这样看起来，就和厚石头砌起来的墙并无二致。这真的是好办法。在鲁镇，墙的正面看起来很像砖，但在拐角处就全露馅了，一眼看穿那仅是半厘米厚的贴面。我建议鲁镇的瓷砖厂家生产一些专门用在拐角处的L形贴面瓷砖，这样就可以初步达到耶路撒冷外立面效果了。你看人家的房子，多像真的石头房子。

当然，耶路撒冷的老房子确实都是用厚重的石头堆砌的。

到耶路撒冷来是考察造房子吗？嘿，这你就不了解了吧？这也许是一个铺垫和练习，这是研究耶路撒冷的古建筑遗址的序幕。序幕你知道吧？总不能一来就是高潮吧？今天，我们一直会提到墙。我们会一直从眼前的墙，回溯到奥斯曼的墙、拜占庭的墙、古罗马的墙，直至所罗门的墙。

再说，这也是考察古迹的基本功。我之所以说是"考察古迹"而不是"考古"，那是因为当考古学家很不容易，一般嫁给考古学家很安全，因为你年代越久远，他越喜欢。但是也没准，说不定还有比你更年代久远的。我想想自己距离这标准差得比较多，就不掺和考古学家的事情了。

我们选择的小路很不错，一些景色，走大路是看不到的。一路走来，颇有点穿越时空的感觉，驻地附近仅有的一点点现代气息，被越来越浓郁的远旧风格取代。还好，这些文明的后代，都还对"四旧"依依不舍、不离不弃。如果给了鲁镇的赵老爷和阿Q，这里早就是现代化的"野路洒愣"了：高楼鳞次栉比，古迹荡然无存；而或到处新造"古迹"，不伦不类贻笑大方。这也难怪，一旦成事，阿Q这样的，就认定自己前无古人，因此一定要把过去的痕迹一扫而光；更觉得自己后无来者，一定要做到"死后哪怕洪水滔天"。

聊着聊着，耶路撒冷老城就在眼前了（图173）。我们首先看到的就是大卫塔（Tower of David，图174）。那个尖塔并不是"大卫塔"的一部分，而是奥斯曼帝国建造的，塔尖上的月牙造型就是伊斯兰教的象征。"大卫塔"指的是这块地方的高大复合建筑。

我们在耶路撒冷老城的入口处看到了一群以色列军人。以色列的年轻人，都必须服兵役几年，男女都一样。这是一个小国，周围敌多友少，兵员严重不足，所以只能这样。以色列士兵看起来很阳光，长得基本都挺帅（图175）。

我们从城门雅法门（Jaffa Gate）进了老城，大卫塔建筑就在旁边（图176）。我们沿着小巷，方向哭墙和圣殿山。

图173 前面就是耶路撒冷老城了

图174 大卫塔（Tower of David）俯瞰，大卫塔不是指图中的尖塔，而是这里的复合建筑物（Xavier Gillet/Wikipedia/CC BY-SA 2.0）

图175 老城脚下的以色列士兵

图176 在大卫塔（Tower of David）附近的建筑

10.2 罗马的耶路撒冷

我们路过了罗马时期公元2－3世纪的 Cardo Maximus 遗址（拉丁文"Cardo maximus"源于希腊文"χαρδια"），其是罗马时期贯穿耶路撒冷的南北大道（图177），简称Cardo。当时大道两边，石柱林立，商家密布。一般罗马城市都有这样的南北大道，很多还有东西大道（Decumanus Maximus）。可以想象罗马时期耶路撒冷的繁华。我们昨天所到的约旦马达巴（Madaba，见第九章）的一个教堂里还有马赛克拼画的耶路撒冷地图，其中就有Cardo。

希腊化和罗马时期，新月沃土一带（包括了两河流域和埃及）都受到了很深广的希腊罗马文化的影响，建筑作为精神和物质的结合，当然彰显无遗。在叙利亚阿帕美（Apamea）古城的罗马Cardo遗迹，更是辉煌（图178）。

每当看到古希腊古罗马古埃及留下来的辉煌古迹，我都会质问为什么华夏的古迹就没有在地面上留存的。人家两千多年前的建筑随处可见，尽管称作废墟，但是依然矗立。华夏的古建筑呢？你可以说埃及的金字塔容易保存，毕竟是石头堆砌的不易倒塌，但是其它很多建筑不也照样历经数千年依然巍然屹立吗？

我们到了一个阿拉伯市场（图179），这里的景象和阿卡古城的差不多（见第三章）。逛阿拉伯市场应该是一种乐趣，商品繁多，人声嘈杂，摩肩接踵，哪怕就是不买东西，穿越一下就觉得已经心满意足了。

我们走到一个门口，看到有以色列军人在站岗，不让过去。我们一问，才知道，这里可以通向圣殿山，但是圣殿山今天有伊斯兰祷告，拒绝任何非穆斯林入内。

我们这是够不巧的，在阿卡古城就由于清真寺正在祷告而被拒绝进去参观（见第三章）。那个清真寺不是什么有名的，也就算了。但是今天这个圣殿山是全世界第三的伊斯兰圣地，去不了是有点可惜。看来我们和伊斯兰没有缘分，和祷告有点犯冲。

图177 罗马时期的Cardo，南北向贯穿全城的街道，当年两侧都是商店

图178 古希腊和古罗马在叙利亚的阿帕美古城(Apamea,希腊文:Απάμεια)的 Cardo Maximus古迹(Daniel Case/Wikipedia/CC BY-SA 3.0)

图179 距离哭墙不远处的阿拉伯集市,和阿卡古城的集市异曲同工(见第三章)

10.3 耶路撒冷的西墙

哭墙就在眼前了（图180）。哭墙是希律大帝（也就是那个罗马帝国犹太省的省长）当政时建造的。希律下令建造了很多建筑，比如凯撒利亚城（见第二章）和马萨达城堡（见第六章）；在耶路撒冷，希律当然也大兴土木，他把整个圣殿山（Temple Mount）都用高墙围了起来。哭墙就是圣殿山围墙的西墙劫后余生的一小部分，因此也叫作"西墙"。正是由于劫后余生，犹太人才在这里悲哀，是为"哭墙"。广场右侧的廊桥是通向圣殿山的甬道（图180），圣殿山开放时人很多。

哭墙是犹太人最神圣的地方。我们看到很多犹太人对着墙，前后晃动着身体和脑袋，有时还把额头贴在墙上，他们还会往墙缝里塞写着许愿的纸条。据说那里很灵验，你把许愿写在纸上，到哭墙那里祷告一会儿，然后把纸条揉成一团塞进石头缝里，如此这般就可以美梦成真。功利，确实是宗教的基石。

原始宗教就是建立在功利之上的。你祭拜神灵，神灵给你好处，就这么简单。你相信上帝，上帝给你一块"奶蜜之地"，就那么现实。这和求佛拜神保佑你飞黄腾达发财生子并无区别，但是功利

之后如何升华，就有了差距。宗教信仰至今仍然无法和功利截然分开，只是信仰和功利的距离增加了很多。许多人不再把祷告和直接的好处联系在一起，但是仍然会把最终的好处和信仰联系在一起。这就向文明迈进了一大步。比如信上帝可以让你以后上天堂，否则就下地狱，这就比求神拜佛解决吃喝拉撒升官发财要文明了很多。

圣殿山是犹太人的圣地，因为据《希伯来圣经》，圣殿山上的一块岩石，就是上帝创造世界的初始之处，而且传说大卫王之子所罗门王，于公元前957年在这里建立了"第一圣殿"。前者显然是传说，而后者也没有考古证据。但是，这里是"第二圣殿"的遗址，这是肯定的。为了报复犹太人的反罗马叛乱，罗马人在公元70年摧毁了"第二圣殿"。在此数年后，罗马人也剿灭了马萨达的反罗马叛乱（见第六章）。

后来，穆斯林说他们的先知默罕默德（Muhammad）踩在圣殿山的一块岩石上升天，估计就是上帝创造世界最初的那块石头。于是在阿拉伯帝国统治耶路撒冷时，他们就在这里建了一座教堂"Dome of the Rock"（岩石的穹顶），也就是现在的圆顶清真寺。犹太人和穆斯林都认为这是他们的圣地，理由都很充分。而基督徒认为这是他们的圣地的理由也同样充分，因为耶路撒冷是基督受难

图180 哭墙（西墙）广角一瞥，右侧的廊桥是通向圣殿山的甬道

和升天的地方。

耶路撒冷在成为宗教圣地之前，纯属一块处于几大文明之间的鸡肋之地，并不重要却不得安宁。成为宗教圣地之后，就升级成了几大帝国的必争之地，更加不得安宁。而且互相打起来了。

你看那哭墙，就在圣殿山的西侧，圣殿山平台要高出哭墙广场10米左右。上面是趾高气扬的穆斯林，下面是悲痛欲绝的犹太人。穆斯林在高处的圣殿山上礼拜，而犹太人在低处的墙脚下祷告，这看起来就像是在给伊斯兰磕头。这好像相当于一个仇人占据了你家的二楼，但是你还在一楼的断壁残垣上磕头祷告。这样的忍耐只有犹太人具备，这样的屈辱也只有犹太人可以忍受。

这情景给了别的民族可能受不了，给了爱面子的中国人不会这样干，但是犹太人的忍辱负重是天长地久训练出来的。你想，犹太国以色列国，从来都是夹在埃及和两河几个强大且先进得多的文明之间的一个不发达地区。这也就是为什么犹太人要编造《希伯来圣经》，无中生有、捕风捉影，把自己说成天下第一，上帝就拣选了他们，而别人都是上帝看不上的。这就是宣传的作用——团结自己的群体，增强活下去的勇气，暂且苟延残喘，以期出人头地。几千年后的今天，犹太人在媒体界占据很大的阵地和很重要的位置，不得不令人怀疑和当年编造自己的历史有关。毕竟，媒体是要讲故事的。

我想起多年前一位朋友告诉我的真事：她在北京的外贸公司和一家犹太商人谈生意，最后的价格实在无法达到对方的要求，她想放弃了，但是，那位犹太长者居然跪下来哀求。她说实在受不了这样的哀求，就答应了对方价格。并非犹太人就会如此，但是似乎只有犹太人才可能如此。委曲求全夹缝生存，这是不容易做到的。犹太人的忍耐和努力是值得尊敬的。

以色列几乎从来没有真正独立的时候，古埃及帝国，两河流域一大堆帝国，古波斯、古希腊、古罗马、拜占庭、阿拉伯帝国、奥斯曼帝国，轮流坐庄，没有空闲。但是一本希伯来圣经《塔纳赫》

(Tanakh)，使得犹太人两千多年来执着地追求。不为真理，屈服现实，只为信仰。

离开哭墙，我们准备去基督教圣地"圣墓教堂"（Church of Holy Sepulchre）。我们沿着耶路撒冷城墙的南段，走到锡安门（Zion Gate），然后转去圣墓教堂。

10.4 耶路撒冷老城的城墙

我们走在城墙垛口旁边的人行道上（图181），视野很好，左侧一望无边，回首圣殿山，圆顶清真寺和阿克萨清真寺一目了然（图182），更远的橄榄山（Mount of Olives）也清晰可见。我们准备从哭墙附近的Dung Gate走到Zion Gate，再走到Jaffa Gate，就可以抵达圣墓教堂。

很快就到了锡安门（Zion Gate），这是耶路撒冷城南侧的一个城门。这样一个老城门，居然还可以出入汽车。我们就在这里出了城门。

我们出城后，就在城墙脚下观察（图183）。用肉眼当然无法辨别城墙的年代，但是好在有一部分城墙有现场图文说明。我们根据说明，对照城墙的位置，知道了哪部分城墙是何时由谁建造的。看来，今天早上和柳L探讨耶路撒冷近代和现代建筑的墙面确实是一个热身。

根据介绍，我们可以知道绝大部分老城的城墙（主要是上部）是在公元1517年以后建造的，亦即奥斯曼帝国时期。而城墙下部的有一些是在公元1187年以后建造的，亦即拜占庭时期。公元前建造的还留下来的就很少，所谓的所罗门时期（公元前1100年后）建造的无处寻觅。这也是可以理解的，因为耶路撒冷城墙被毁坏过许多次。而且在后面将看到，所罗门时期其实没有能力建造可维持很久

图181 我们沿着老城的城墙,从哭墙附近的Dung Gate走到Zion Gate,再走到Jaffa Gate。左侧是城墙的垛口,旁边有人行道

图182 耶路撒冷东区,圣殿山上的圆顶清真寺和阿克萨清真寺清晰可见

图183 耶路撒冷老城城墙细部，图中数字是建造（不早于）年代

的城墙（图189）。

这就是为什么这一章的开头我们会对现代的耶路撒冷建筑的墙面感兴趣。对这个世界的理解，总是应该从身边可感知的事物开始的。

10.5 圣墓教堂

不久，我们到了圣墓教堂（Church of the Holy Sepulchre）（图184）。那里排队的人是当天所有游览处最多的。圣墓教堂可追溯到四世纪，从那时开始，这里就是基督徒的朝拜之地。它包括基督教中两个最神圣的地点：一个是耶稣被钉死的地方，即各各他（Golgotha）；另一个是耶稣的空墓，基督徒认为他是在那里被埋葬和复活的。

尽管需要排队等待，我们也不想错过参观的机会。等到我们进入教堂里面，发现还有一支更长的队伍，教堂内还要再排一次队，才能看到耶稣受难和升天的地方。根据《圣经·新约》和传说，耶稣就是被埋在了那里，但是第三天信徒们再去看时，遗体已经不见踪影，显然是升天了。至于是怎么个"显然"法，那就看你信不信了。对我来说，这样的故事很好，但是真实性当然没有。由于这是宗教，我觉得审问其真实性其实没有意义。

到目前为止，我所了解的关于《希伯来圣经》和《圣经·旧约》上的历史事件都是查无实证的。《可兰经》很多纯属抄袭《希伯来圣经》，再加上自己的编辑，同样没有考古证据。

在这里耐心等待着进入里面去参观的，都是足够虔诚的基督徒。我们不够虔诚，于是就知难而退了。教堂内部也有不少别的地方可以看，我们乐得看看不太拥挤的别处。

古罗马人之所以处死耶稣，是由于犹太人的污蔑和告密。这就

图184 圣墓教堂(Church of the Holy Sepulchre) 院子和入口

是基督教和犹太教之间怨恨的源头。宗教改革家马丁·路德，就是一个坚决反犹的人。犹太人希望耶稣被抹去是可以理解的，而借罗马人的刀是最方便的，罪名当然是反对罗马。你想，拉比们及其追随者手持所罗门开始的这些信誓旦旦的文本，振振有词，追随者众多。但是，突然碰到了一位自称"上帝的儿子"，你如何作想？如果你是上帝的儿子，那我们靠编造所罗门过日子的人怎么办？难道我们是上帝的孙子，还是上帝的仆人？于是，任何胆敢声称自己是"上帝的儿子"的人都必须除掉。这就是当时犹太教拉比们及其信徒的共同心声。于是就诬告耶稣反罗马，借刀杀人。此后就是历史了。

10.6 以色列国家博物馆

从老城出来，我们不想浪费任何一点时间，于是我们就出发去以色列的国家博物馆，看看那里有什么值得让我们惊喜和思考的东西。我们找来一辆出租车，结果司机还挺腻歪，不去以色列博物馆。我们只好放弃了打的的想法，找到了公共汽车站，心想正好体验一下以色列的公交系统。和想象的一样，耶路撒冷的公共汽车很不错，上面还有手机USB充电器，正好充电。

当我们赶到博物馆时，已经距离关门没有多少时间了。我们匆匆忙忙看了一些，有一些古埃及的文物。古埃及的古迹文物可能是多如牛毛，全世界各处的博物馆好像都有古埃及的文物，而且都是公元前两千年以前这样年代悠久的文物。这种文物在别的地方那实在是绝无仅有，但是在埃及大概遍地都是。这个馆藏古埃及文物就是公元前2300年的。我在卢浮宫看到过类似的，但不完全一样。在以色列本土，这样年代的文物绝无仅有。

这个博物馆最著名的馆藏是"死海古卷"，但是我们发现其不在主馆里，而是在一个专门展示死海古卷的馆，称作"圣书神龛"（Shrine of the Book Complex，图185）。这些"死海古卷"书写镌刻在纸莎草、

图185 死海古卷展出处，Shrine of the Book Complex

羊皮纸或青铜上，文字并不单一，有希伯来文、阿拉姆文、希腊文和纳巴泰－阿拉姆文等，创作于公元前408年至公元318年。

说实在的，一看这年代我就没有太大的兴趣。都这年代了，人家欧几里得几何都出世了，你还就这些捕风捉影的东西。有点不敬，但请原谅！现在知道为什么我并不欣赏以色列了吧？这还仅仅是开头。

10.7 希伯来的胡编乱造

准备好了吗？现在我要喷了。

世界上最怕的事情就是听理工男喷历史，听文科男讲逻辑。理由很简单，理工男喷历史时，出来的多是不可理喻；而文科男讲逻辑时，出来的多是自相矛盾。

以上判断不适用于出类拔萃的理工男和文科男。比如易中天这样的文科男就没有大毛病，尽管他关于一神论的判断有很大问题。刘仲敬的历史和逻辑非常精彩，也没有大问题，不过他不是文科男，是学医出身。不过我并不同意易中天关于宗教的看法，也觉得刘仲敬越来越远离逻辑了。

显而易见，希伯来的一神论缺乏创造性，和埃及、两河、古希腊、古罗马等相比，一神论地区的文明和创造完全无法相提并论。如果一神论这么神奇，那么整个以色列的历史创造了什么？

我们可以从所罗门开始来戳穿希伯来的瞎话。让我们从所罗门的一个传说开始。这是众所周知的一个故事，因为这是《希伯来圣经》和《圣经·旧约》上记载的。

有两位妇人争夺一个婴儿，互不相让，都说那个活着的婴儿是自己的，而死了的那个不是。于是吵到所罗门王这里要裁决。所罗门说："既然你们都说这个婴儿是自己的，各执己见，相争不下，那就劈成两半，一人一半。"这幅油画（图186，鲁本斯[1]作品）表达的就是这个场景：卫士拿刀意欲把婴儿劈成两半，这时两位妇人中的一位说："好吧，就这样。"而另一位急忙阻止，说："不要这样，那我就放弃了，给她吧。"所罗门王于是裁决："把婴儿给那位说要放弃的女人，她才是真正的母亲"。

这是一个很好的故事，所罗门的裁决令人喝彩。但是，这极可能是一个到处流传的故事而已。据记载，在不同的地域和民族流传类似的故事。因此，这更可能是一个移花接木的传说。让我们对比一下汉

---

[1] 鲁本斯：Peter Paul Rubens（1577 – 1640），弗兰德人（Flemish，今荷兰和比利时）

图186 《所罗门的审判》（The Judgement of Solomon），油画（234X303厘米），鲁本斯（Paul Rubens），约1617年，哥本哈根，丹麦国家美术馆（SMK, Copenhagen）

谟拉比，就知道所罗门就是一个村长的角色，而且没有法治。

所罗门故事是在公元前970年以后，而汉谟拉比法典成于公元前1750年。知道《汉谟拉比法典》吗？你要是不知道，现在是该知道的时候了。以后千万不要告诉别人你不知道。

《汉谟拉比法典》是古巴比伦法律文本，作于约公元前1755 – 1750年，是古代近东地区文本最长、组织最好、保存最全的法律文本，是由巴比伦第一王朝的第六位国王汉谟拉比所颁发。我到卢浮宫，总是会去看一下这块石碑。我不肯定这是否人类最早的成文和公布的法律条文，但至少是其中之一。人类在走向法治的旅途中，应该记住这块石碑（图187）。

石碑的顶部是汉谟拉比与巴比伦太阳神浮雕，浮雕下面是约4130行楔形文字。序言声称立法由众神授予，"以防止强者压迫弱

图187 汉谟拉比法典（Code of Hammurabi）石碑，成于约1755—1750 BC，高2.25米，玄武岩。2020年摄于巴黎卢浮宫。左上角是嵌入的另一幅楔形文字碑文照片的局部

者"。法律范围很广，包括刑事、家庭、财产和商业等。

现代学者赞赏这部法律的公平性和对法治的尊重。很明显，其也对犹太人的"摩西法"产生了影响。比如《汉谟拉比法典》就确定了"以眼还眼"的原则，比其晚很多的《希伯来圣经》和《圣经·旧约》显然是照搬了汉谟拉比法典的一些内容。

但是《希伯来圣经》里的以色列所罗门的故事就没有考古证据了。迄今为止，也就有一个以色列南部出土的公元前10世纪左右的粘土质印章（图188），是地中海别的地区新石器时期的水平，还比《汉谟拉比法典》晚了800年。一比就知道这差距有多大。

我们再来看看所罗门留下来的建筑。这就是一些学者认为可能是所罗门建造的城墙（图189）[1]。这样的墙可以建多高呢？显然不会很高。在公元前900多年，这样的水平实在是太低了。随便哪个地

[1] Live Science Staff,"Ancient Wall Possibly Built by King Solomon", https://www.livescience.com/9828-ancient-wall-built-bing-solomon.html, Live Science, 2010

图188 以色列南部出土的粘土质印章，测定为公元前10世纪左右，对比一下《汉谟拉比法典》，就知道这差距有多远（New Finds Suggest Biblical Kings David and Solomon Actually Existed, http://www.sci-news.com/archaeology/science-biblical-kings-david-solomon-02371.html, Science News, Dec. 2014）

中海文明在公元前1000年建造的墙，都不是这样的档次。对比一下古希腊迈锡尼（Mycenae）的城墙和狮子门（图189，图190），那是公元前1400年左右造的，所罗门的完全就不在一个层次。人家的石料尺寸和加工，比这所谓的所罗门城墙，不知强了多少倍。和金字塔就更不能比了，尽管那不是墙。

由于《希伯来圣经》里的"第一圣殿"从未有过考古证据，不少人耿耿于怀。但是，这些墙是或不是所罗门时期建造的，都令相信所罗门伟大的人难堪。如果不是，那么所罗门可能就没有建造过什么第一圣殿或别的什么像样的传说中的建筑；如果是，那么所罗门的建筑就是这样的低水平，也就是人家新石器时期的水平，完全不能和几个重要文明的建筑相提并论。

但是，就吹牛和瞎话来说，所罗门是绝对胜出的。我们来对比一下所罗门和汉谟拉比的简历。

图189 这是所说的耶路撒冷在所罗门时代建造的墙，公元前960年左右

图190 古希腊的迈锡尼（Mycenae）古城遗址，城墙和狮子门（Lion Gate）公元前1250年，摄于2008年

所罗门王简历[1]：

大卫王的儿子

生卒：约990 – 931 BC，耶路撒冷；

在位：约970 – 931 BC；

配偶：Naamah，法老的女儿，外加700个皇家出生的妻子和300个嫔妃

汉谟拉比简历[2]：

巴比伦第一王朝的第六位国王

生卒：约 1810 – 1750 BC，巴比伦（今伊拉克境内）

在位：约 1792 – 1750 BC

一对比，这问题就更大了。汉谟拉比要比所罗门早800年，而成就比所罗门大得多，且有考古证据。而所罗门的事迹除了《希伯来圣经》（含《圣经·旧约》）外，其他查无实证。但是所罗门的吹牛和腐败则远远不是汉谟拉比可以比拟的。至于迈锡尼的国王，那更没有这么吹牛，也没有这么奢侈，更没有这么腐败。

如果我们先把所罗门吹的都当作真的，那么，所罗门娶了埃及法老的女儿，这显然是要说他厉害，因此就该成为国王。然后，居然有700个老婆，还都是皇家出身的，还有300个嫔妃。这都是什么皇家？首先，每个当时的皇家都得至少许配给所罗门几十个公主，对任何一个皇家来说这简直都是侮辱；其次，所罗门忙得过来吗？一天和一个老婆过，要三年才转一圈。

看了耶路撒冷所罗门时代的印章和城墙，我们就可以肯定那就是一个村寨。这些证据（图189，图190）表明，所罗门的耶路撒冷完全无法和汉谟拉比的巴比伦以及古希腊的迈锡尼相比。这说明了关于所罗门王的传说之不可信。当时的耶路撒冷就是一个村寨，而所罗门就是耶路撒冷村的一个村长。如此不起眼的在别的伟大文明夹缝里生存

---

[1] https://en.wikipedia.org/wiki/Solomon
[2] https://en.wikipedia.org/wiki/Hammurabi

的一个村子的村长，居然如此贪婪腐败好大喜功，在地中海文明中找不到出其右者。因此，我们基本上可以判定所罗门是一个自恋狂。编造自己伟大成就的，都是本事不大但是野心很大的人。

所罗门的事迹基本上就是华夏小说里的"有诗为证"。由于没有实证，于是就"有诗为证"。而"死海古卷"就是这类"诗"之一，死海古卷只是公元前408年左右的事情[1]。

耶路撒冷的故事和犹太教的故事，就是一个在夹缝中求生存的群体的愿望和奋斗，俨然可歌可泣，其实胡编乱造。犹太教圣经和教义基本上就是瞎话篓子，因此基督教旧约也同样，后来的伊斯兰教更是变本加厉。东方的瞎话篓子也异曲同工，只是技术差一些。那些三皇五帝的神话和大禹治水的传说，完全没有考古证据，而且彻底不能自洽。大禹治水实在太过于离奇，在石器时代，拿什么工具治水？不过，有一种工具是战无不胜的，那就是"瞎话"。

人类编造瞎话并不是一种毛病，而是一种走出野蛮的技能。瞎话是团结人类的一种方式。编造瞎话和传递谣言是人类走向文明的必要途径。人类不可能一开始就正确认识世界，文明的发展需要一个过程，而瞎话就是必要的途径，其描绘了美好的前景，增强了大家的信心，凝聚了彼此的感情。但是，沉溺于瞎话不能自拔就是另外一个问题，不勇于纠正瞎话就无法真正走向文明。人类文明的进步就是在不断编造瞎话和纠正瞎话中取得的。

犹太民族的历史创造完全不能和埃及、两河、古罗马相提并论，和古希腊更是云泥之别，但是犹太人毕竟在如此艰难的生存缝隙里觅得了生机。他们曾经卑微如尘土，他们无疑一部分也扭曲如蛆虫，但是他们整体上从未丧失斗志。

希伯来一神论的瞎话技术含量不高，比起古希腊神话实在是天壤之别，但是容易掌握，门槛很低，便于传播。结果劣币战胜良币。你只要看看鲁镇的阿Q和小D，由于瞎话而如同打了鸡血一样亢奋，就知道为什么会有一个部门专门制造和传播瞎话。所谓的"谣言

[1] https://en.wikipedia.org/wiki/Dead_Sea_Scrolls

止于智者"，纯属不理解历史。谣言是始于智者的，耶路撒冷的历史就证明了这点，各个民族的历史都证明了这点。所有的神话，都是谣言，尽管犹太人做得挺拙劣，但是很顽强。把谎言重复成"真理"，这就是犹太人的信念和实践。世界上所有的民族都曾经在践行这个原则，只是有的由于心智不够，做得捉襟见肘。就像大禹治水和良渚的那个胡编乱造的新石器时代的无比精密的圆孔一样，太容易被戳穿而已（图167）。

10.8 古希腊超越了胡编乱造

瞎话的崩溃是从古希腊开始的。古希腊人喜欢创造"瞎话"，更喜欢批判"瞎话"。他们崇尚逻辑，他们质疑一切，包括他们自己创造的诸神。他们创造了一个远远超越了瞎话，且让瞎话无法容身的领域，那就是自然哲学，即后来的"科学"。你审视欧几里得几何就知道，瞎话在那里没有藏身之处。他们批判和质疑的目光，扫描和审视着所有事物。这也就是为什么人类要到了古希腊文明复兴（文艺复兴）之后，才突然之间有了现代文明，而在长久的一神论占统治地位的时期（中世纪）完全乏善可陈。欧几里得几何是人类真正走向现代文明的开始，不，那就是现代文明，此后的都是其注脚和推导的定理。记住，那是从公元前500年前的古希腊开始的。

当他们仰望星空，他们不是寻找上帝，而是探索真理；当他们正视现实，他们不是祈求怜悯，而是寻求正义。

正是这些古希腊人，创造了古希腊剧场（见第九章），创造了悲剧，创造了喜剧，创造了奥林匹克运动会，创造了自然哲学（科学），创造了今天仍然在课堂里原封不动地教授的"欧几里得几何"。

他们也创造了阿弗洛狄忒（图191）。我每次去巴黎总争取时间去卢浮宫，迄今已经去过数十次了。每次去都要去看看古希腊雕塑，而阿弗洛狄特（维纳斯）女神等是必看，当然还有男神。有人问我为什么去那么勤，我严肃地告诉他们："去看看两千年前的女朋友。"

喜欢维纳斯女神不需要考古情结，因为，这个世界可以老去，但是，她们的美丽却永远不会褪色。

而类似以上的这些辉煌，都不曾出现在希伯来或以色列文化中，甚至没有任何出现的兆头或迹象。正是由于这个理由，在雅典和耶路撒冷之间，我毫不犹豫地选择雅典。我赞同《雅典和耶路撒冷》的作者舍斯托夫的说法，即，雅典和耶路撒冷没有共同点。我和他的不同是，他坚定地站在耶路撒冷一边，而我坚定地站在雅典一边。

雅典vs耶路撒冷，这个争论刚刚开始。正如本章开头所言，本章注定无法结尾，留着未尽之言给最后一章（第十二章）吧。

图191 阿弗洛狄特,即维纳斯女神(Venus de Milo),古希腊,公元前2世纪,2018年摄于卢浮宫

11

耶路撒冷-伯利恒-耶路撒冷

旅行时间：2020-02-15 星期六

11.1 漫游在去伯利恒的路上

今天任务不重，就是伯利恒（Bethlehem）的几个基督教圣地，都和耶稣的出生有关。我们查好了谷歌地图，有公交车直达伯利恒，直线距离只有八公里。但是出发后发现，谷歌并不可靠，明明说到伯利恒的公交车运行正常，结果我们走到公交车站，根本不是这么回事。公交车绝无仅有，还不停，不知道是什么意思。我问了行人，说是只有巴勒斯坦人地区才有服务。这是啥幺蛾子？你让我们这些"歪果仁"（外国人）怎么办？还好我们不是左派，否则就谴责种族主义了。

图192 寻找公交车站,前面高处就是锡安山(Mount Zion)

这才意识到:原来今天是周六,犹太人的安息日(Sabbath)。看来除了穆斯林经营的生意,别的都安息了。要知道,犹太人周日可以工作,但是周六一定要安息。他们一安息,我们怎么办?我们到耶路撒冷不是来安息的。对此我要负责任,因为我在蒙特利尔居住很久,那里犹太人很多,在北美仅次于纽约而居第二,我还有犹太人朋友,对犹太人的习俗是相当了解的。但是到了耶路撒冷,居然忽视了,导致没有预案。上个周六我们在提比利亚周围的基督教圣地和戈兰高地,所以没有受到犹太人安息日的影响,到了今天,甚至我都忘记星期几了。

黔驴技穷,我们就顺着大路走,心想总会有车的,没车也无所谓,咱就一直走到伯利恒了。人一犯错,就容易阿Q精神:其实这样的天气,步行是很好的,蓝天白云,景色宜人。

我们走走停停,还拍了几张街景和锡安山的照片(图192、图193)。锡安山在我们和老城之间,这里看到的锡安山,正好是从老城看到的背面。

但是，情况看来不妙。走了快半个小时，还没有公交车或者出租车出现。走到伯利恒，还是在这里等车或者叫出租？等车，显然已经失败，叫出租，还不知道电话号码。技穷之时，两头黔驴发现用手机Uber App可以叫出租，尽管Uber本身不能在耶路撒冷运行。还别说，就像黔驴一叫老虎就来，我们一叫，Uber上很快就有出租车应答。

终于等来了出租车，但是司机说单程不去，要来回才行，价格200美元。单程才九公里，来回200美元？你干嘛不要250？这哥们的意思是，今天没别的出租车，就我这辆了。我对他说，那我们还是走过去，反正不远。这天气走路正好。这显然是威胁。

这哥们一看生意要泡汤，就说可以谈。我们想如果是以色列和阿拉法特的谈法我们吃不消，于是直接腰斩：100美元，你把我们拉到各个景点，作为我们的专车，完了把我们拉回来。他说太少了，要120。好吧，120。

这也许是目前最好的选择了。我先前曾经对柳L说，我们走过去，再打的回来。后来想想算了，几个景点之间还有不短的距离，

图193 锡安山（Mount Zion）远眺

说不定就错过景点了。再说到时候找不到出租回耶路撒冷呢？如果一头黔驴走不动，另一头还怎么驼回来？这些倒霉的假设本来都是不成立的，但是看看今天的公交车，就知道不是没有可能。据说有一个人为了省钱，不坐车光走路，结果走坏了几双意大利皮鞋，错过了若干个重要约会，一算，省下来的车钱连损失的零头都不够。

司机当然是穆斯林，犹太人很少有开出租的，安息日更不会。事实证明，这位穆斯林司机还挺尽职守信。后来聊天时知道，他确实是巴勒斯坦穆斯林，但是住在耶路撒冷西区。巴勒斯坦人聚居的是东区，他看来对自己居住在耶路撒冷西区很骄傲。住在耶路撒冷非巴勒斯坦区的穆斯林不多，大概只有融入以色列主流社会比较好的穆斯林才会住在耶路撒冷西区。可能就像过去的上海人以居住在租界为荣。上海人称之为"上只角"。

我们让司机建议我们参观地点的顺序，结果顺序基本上是倒行逆施的，即逆着历史事件的发生顺序。我们先去耶稣出生后的地点"奶石窟教堂"（Chapel of the Milk Grotto），然后去耶稣出生地点"圣诞教堂"（Church of the Nativity），再去耶稣出生之夜天使昭告牧羊人救世主降生的地点"牧羊场礼拜堂"（Shepherds' Field Chapel）。既然是回溯历史，倒行逆施也是可以的。

可能大家会有疑问，为什么这么多的基督教和犹太教的圣地在穆斯林聚居区，而犹太人聚居区也有伊斯兰的圣地？

这是因为有一个历史上的协议，亦即"耶路撒冷和伯利恒维持现状协议"（Status Quo, Jerusalem and Bethlehem）[1]。这是宗教团体之间关于耶路撒冷和伯利恒九个宗教地点的一种共同谅解。此协议1757年在西方和奥斯曼帝国的努力下达成，保留了基督教各个圣地的所有权和责任。1852年和1853年进一步发布法令确认，除非所有六个基督教团体都取得共识，这九个宗教场所不得有任何改变：

1）圣墓教堂及其附属建筑物，耶路撒冷

---

[1] https://en.wikipedia.org/wiki/Status_Quo_(Jerusalem_and_Bethlehem)

2）苏丹修道院（Deir Al-Sultan，在圣墓教堂的屋顶），耶路撒冷

3）圣母玛利亚墓，耶路撒冷

4）耶稣诞生教堂，伯利恒

5）奶石窟教堂，伯利恒

6）牧羊场礼拜堂，伯利恒

7）耶稣升天教堂，耶路撒冷

8）西墙（哭墙），耶路撒冷

9）瑞秋墓（Rachel's Tomb），伯利恒

其中的4、5、6就是今天我们要去的。

11.2 奶石窟教堂

跟随司机，我们先到了"奶石窟教堂"。洞穴的名字来源于一则故事：圣母玛利亚的一滴"奶"落在洞穴的地上使它变成了白色。这显然是神迹。这里到了公元12世纪，才成为基督教圣地。

很多中文有关文章都把"Chapel of the Milk Grotto"翻译成了"牛奶石窟教堂"。这个翻译是很不对的，犯了原则性错误。理由很简单，这"Milk"明明说的是圣母玛利亚的奶，怎么可以翻译成"牛奶"？我在文章中都将其译作"奶石窟教堂"。我不是基督徒，但是我尊重原文的意思[1]。

这个翻译问题让我想起"常凯申"的笑话。翻译界的笑话看来源远流长，"常凯申"绝不是第一个，也不会是最后一个。

知道"常凯申"的故事吗？就是有一位中国知名大学的教授居然

---

[1] Chapel of the Milk Grotto, https://en.wikipedia.org/wiki/Chapel_of_the_Milk_Grotto

把英文中的"Chiang Kai–shek"（蒋介石一直以来的标准英文拼写）翻译成了"常凯申"。这需要对历史多么无知才会犯这样的错误？对于一个普通人，这样的错误也许无可厚非，但是对一位清华大学历史系的长聘教授，这样的错误实在令人无法容忍。

这还只是其错误之一而已，另一个令人笑掉大牙的错误是把John King Fairbank（费正清）翻译成了"菲尔班德"。这两个错误表明，此教授甚至连基本的英文拼读都非常不在行。

但是，这位教授也许可以从"Chapel of the Milk Grotto"被翻译成了"牛奶石窟教堂"的实例中获得为自己正名的足够自信。其完全可以对嘲笑者反唇相讥："人家都把圣母玛利亚弄成母牛了，我只是把蒋介石错成常凯申，这有什么过分？我只是搞错了名字，人家甚至搞错了物种！"

"奶石窟教堂"传说是耶稣诞生后躲藏的地方。《圣经·新约》记载：智者去耶路撒冷，希望知道"犹太人的王"出生在哪里。希律王指示他们去伯利恒找，并要求他们找到后立即回去向他汇报。但智者在梦中被神灵警告：不要照办，因为希律实际上要除掉这个"犹太人的王"，以保全他自己的地位。当希律意识到智者骗过了他，愤怒至极，自己派人到处寻找，却没有明确的目标，于是下令杀死所有在伯利恒以及周围的两岁及以下的男孩。

这就是所谓的"无辜者大屠杀"。基督教传统称"奶石窟教堂"是"神圣家族"（耶稣一家）在"无辜者大屠杀"期间的避难处。耶稣一家就躲在了这个洞穴中，随后他们逃往埃及。

这个希律王，就是我们在前面的第二章、第六章等里面曾经提到过的。

大多数希律王传记作者和圣经学者认为该事件是神话故事或民间传说。理由似乎很充分：犹太历史学家约瑟夫斯（Josephus，就是那个写马萨达历史的历史学家，见第六章）尽管记录了希律王的许多恶劣行为，包括谋杀了他自己的三个儿子，但他在《犹太人历史》（作于约公元94年）中并没有提及这个"无辜者大屠杀"。如果这个事件是真实的，那么约瑟夫斯不太可能漏掉不写。

但也有一些学者认为该事件具有历史真实性，理由是希律在他人生最后几年的统治很恐怖，因此这个故事是有道理的。这个推论似乎逻辑不通、证据不足。

有各种关于被害儿童数目的传说，也令人觉得整个事件大有疑问。有的说是14,000名儿童被杀，有的说是64,000名，还有的说144,000名。和当年的本地人口相比，这些数字实在是太离谱。也有人指出：其实比较合理的数字大概是六至二十个儿童被杀[1]。

很可能的真实情况是，在伯利恒被杀的婴儿数量不超过十二个，以当时的标准，这太微不足道，以至于约瑟夫斯没有记录。当然，任何一个婴儿被害都不是微不足道的，但是夸大其词无中生有也同样不可容忍。

另一个问题是，耶稣诞生在公元前四年，而希律的死亡时间说法不一，一种说法是死于公元前四年，另一种是公元前一年。显然，如果前一种属实，那么希律不可能是凶手，因为耶稣出生已经是年底，而希律已经在那年的3－4月去世了。如果希律死于公元前一年，那还有可能。但是，连一个自己的执政者的死亡年代都记录不清楚的地方，怎么可能把别的搞清楚？！

我总觉得以色列历史和《圣经》里的记载都存在着很大的不确定性。按理说，已经是公元零年左右了，信史根本早就不是问题，但还是这么稀里糊涂，只能说是记载的可信度不高。虽然我并不喜欢希律，但是我无法根据这些传说相信他杀死了很多无辜婴儿。

宗教的力量是强大的，因为其不问证据只需笃信。这个"无辜者大屠杀"故事被一再重复和添油加醋，随着《圣经》传遍各个角落。

---

[1] "Massacre of the Innocents", https://en.wikipedia.org/wiki/Massacre_of_the_Innocents, public domain

而艺术家也没有闲着，他们并不是为了添油加醋，只是把圣经故事变成绘画；而绘画一旦流传，影响力更大。

如下两幅油画（图194、图195）表现的就是希律的"无辜者大屠杀"。我之所以把这两幅画同时放在这里，并不是为了辨别这个事件的真伪，而是想让大家比较一下文艺复兴前后的油画表达方式。大家可以看到后者的艺术感染力要好了很多。鲁本斯是非常优秀的画家，文艺复兴后人，晚于达·芬奇100多年，他有不少宗教题材的油画作品。我们在第十章里，提到了鲁本斯的《所罗门的判决》。而乔托[1]也是非常著名的画家，文艺复兴前绘画界的领军人物。文艺复兴的绘画成就和乔托他们的先驱作用有很大关系。不过，同样是宗教题材，甚至是同一个主题，从表现上来看，文艺复兴后要比此前高超很多。

中世纪的艺术相比于古希腊和古罗马确实是一个很大的倒退，比如我一再提到了庞贝的绘画和马赛克远远超过了中世纪的绘画。而古希腊的雕塑，此后一再被古罗马模仿，而在中世纪完全找不到这样水平的艺术品。

庞贝的湿壁画由于被火山灰掩埋而保留了下来，我们可以看到，这些公元前一世纪的壁画，远远比中世纪的绘画更加生动感人（图196）。

11.3 圣诞教堂

离开"奶石窟教堂"，我们到了今天最重要的参观地——圣诞教堂（Church of the Nativity），这里就是基督教认为的耶稣诞生的地方。

这是一个中世纪罗马式建筑，由拜占庭的君士坦丁大帝和查士丁尼一世建造，公元326年破土动工，约公元565年竣工。

教堂的正门入口很特别，号称是"谦卑之门"（Door of Humility,

---

[1] 乔托（Giotto di Bondone，1267－1337），佛罗伦萨人。

图194 《无辜者大屠杀》, Massacre of the Innocents, 乔托 (Giotto di Bondone), 公元1305 (Wikimedia/public domain)

图195《无辜者大屠杀》(Massacre of the Innocents), 鲁本斯 (Paul Rubens) 公元1610—11 (Wikipedia/public domain)

图196 庞贝出土文物，公元前1世纪。2016年摄于那不勒斯意大利国家考古博物馆

图197）。进入者必须首先走过正门。其实不能叫"走过正门"，而是应该说是"钻过正门"，圣墓教堂正门仅高约1.2米，宽约0.6米。据称，这是为了进入者把自己的骄傲和自负留在门外，正所谓"谦卑之门"。

这样的事情好像在古希腊是看不到的。古希腊人面对他们的神，即便祈祷也是站着的。那不应该叫作祈祷，因为看起来更像是商量。

进入教堂几乎没有排队，但是教堂内的队伍很长，都是等着参观耶稣诞生地和马槽的。据说耶稣生下来后就放在马槽里。

我们没有那么虔诚，在耶路撒冷的圣墓教堂我们没耐心看耶稣遇害和升天之地，在伯利恒的圣诞教堂也没有耐心排队看耶稣出生之处。我们逐渐理解了"耶路撒冷综合症"的含义。我理解信徒们的笃信虔诚，羡慕他们矢志不渝。因此也希望他们能够理解我的质疑，容忍我的批判精神。

图197 圣诞教堂(Church of the Nativity),你必须谦卑地从这个"谦卑之门"(Door of Humility)钻进去

图198 圣诞教堂（Church of the Nativity）

图199 圣诞教堂,这是教堂的主题:圣母和圣婴

图200 圣诞教堂近旁的广场,周围都是餐馆,右侧是伯利恒和平中心 (Bethlehem Peace Center)

既然不想排队,就省了不少时间,于是就多看看教堂里面和庭院(图199)。看到这么多人在拥挤排队,而正是疫情期间,这令人想起罗素的《我为什么不是基督徒》[1]中对瘟疫期间教会组织集体祷告的批判。理性和信仰,有时不可调和。正是因为如此,它们之间的对话,才更为必要。

根据前述的协议,这个教堂的顶上还有一个修道院。还好是修道院,如果是清真寺怎么办?但是这样以维持现状的协议方式,使得宗教设施和机构得以保持现状、互相宽容、互不干涉,值得称道。

我们从教堂出来后,就到广场上找午饭。这个广场有一个"和平中心"(图200)。广场周围都是商店和餐馆。伯利恒的餐馆价格要比耶路撒冷低得多。菜单上的食品名称看起来很西化,但实际上多是中东风味的食品,我居住的加拿大蒙特利尔就有不少黎巴嫩人开的餐馆,菜式相似。

街头巷尾还有很多和宗教旅游相关的产业。从林立的木雕店面

---

[1] Bertrand Russell, *Why I am not a Christian*, Battersea Town Hall, 1927

来看，木雕显然是一个生意兴隆的行业。我们看到，这些木雕不少是在现场做的。木雕技工还是真的雕刻，不是做做样子的，而且很熟练。

我们坐下来享受了一顿午餐，随后出发去今天的最后一站——"牧羊场礼拜堂"。

11.4 牧羊场礼拜堂

牧羊场礼拜堂入口用拉丁语写着"Gloria In Excelsis Deo"（上帝至高无上）。我原来在加拿大渥太华大学的合唱团待过两年，主要唱巴赫等经典合唱曲。但是每到圣诞节这样的节日时，会唱一些和基督教有关的歌曲。有一首歌，就是用这句话开头的。

《新约·路加福音》这样描述：牧羊人在伯利恒附近的乡间放牧羊群，晚上他们在田野休息，突然，天使出现了，牧羊人惊恐万分。天使说是有好消息告诉众人："今天在大卫的城里，为你们生了救主。他是弥赛亚，是主。你们可以看见一个婴孩，包裹着布，躺在马槽里。"牧羊人决定按照天使所说的去看看。他们来到伯利恒，真的看见了马利亚、约瑟和躺在马槽里的襁褓中的耶稣，正如天使告诉他们的那样。

牧羊场礼拜堂里的几幅画，描述了传说中当时的情景。礼拜堂外还有一个雕塑，牧羊人正困惑地看着天使。

从牧羊场礼拜堂出来后，我们让司机带上我们，去近处典型的巴勒斯坦街区逛逛。伯利恒和耶利哥及希伯伦一样，是巴勒斯坦自治的"约旦河西岸"地区的城市。我们一直对没有去成耶利哥（Jericho）和希伯伦（Hebron）耿耿于怀，来了这里不看看巴勒斯坦的地盘总是不合逻辑的，更是不合情理的。今天终于如愿以偿。

街上还是挺整洁的（图202），和约旦首都安曼差不多。我们找

图201 牧羊场礼拜堂（Shepherds' Field Chapel）入口

到了一家蔬果店，看到东西很不错而且价格比耶路撒冷低很多，于是就买了一些。我们的原则是，什么便宜就和什么没完，这是学生时代留下的优良传统，必须发扬光大。这是我们买的西红柿（图203）。

仔细想想，没有别的可看了，我们就出发回耶路撒冷。

回耶路撒冷的路上，司机告诉我们，公路边上有的地方是犹太人的定居点。他指给我们看，那铁丝网另一侧就是犹太人定居点（图204）。本来这里都属于约旦河西岸巴勒斯坦区，但是以色列政府在这些巴勒斯坦区里面建立了不少犹太人定居点，于是实际上巴勒斯坦区里居住的也不完全是巴勒斯坦人了。这些犹太人绝大部分是效忠以色列的，这样下去，巴勒斯坦区实际上也逐渐演变成了犹太人巴勒斯坦人混居区，这对以色列肯定是有利的。由于安全问题，居住在巴勒斯坦区里的犹太人并不真正和巴勒斯坦人接触，而是住在封闭的小区里。

图202 这是伯利恒的街景，我们在这附近的一家蔬果店里买了西红柿和香蕉（图203）

图203 这是以色列的西红柿，很美味。以色列也种植香蕉，味道也很不错

司机告诉我们这些的时候，好像也没有忿忿不平。说实在的，这样的情形对于普通的巴勒斯坦人没有坏处。以色列毕竟是一个法治和民主的社会，对待他们自己的公民还是不错的，无论你是犹太人还是穆斯林。

以色列的犹太人在建国之前也有恐怖主义行为，并不比现在的哈马斯逊色。这是历史，以色列也无法否认。但是事到如今，以色列人进步了，巴勒斯坦人也应该与时俱进。如果巴勒斯坦人自己也是以色列公民，那么应该把这个国家当作自己的国家来对待。以色列国内的犹太极端主义分子还是很少的，没有人要消灭巴勒斯坦或者周边的穆斯林国家；而周围有些伊斯兰极端分子却想把以色列消灭了。

11.5 巴勒斯坦区里的犹太聚居点

再说，就如同这位司机，很自豪自己住在耶路撒冷非巴勒斯坦区，他还是诚实的。我们都知道自己愿意在哪里生活，在哪里居住，但有一些人就是口是心非。比如那些阿Q粉红，宋鸿兵、宋晓军这样的，靠卖"爱国"书挣粉红钱，然后移民去了西方。当然还有那个司马夹头，大言不惭"反美是工作，赴美是生活"。他们处心积虑，爱锅是一门生意，他们是一群大骗子。有些升斗小民，自己积极地出国拿绿卡，却爱锅爱得歇斯底里，他们是一群小骗子。当然，在他们之上的之上，还有一些总骗子。

而那些在温饱线上挣扎却要砸烂西方的，纯属一群"深井冰"（神经病）。巴勒斯坦也绝不短缺这样的人。他们是一群蠢货，这个世界，蠢货永远供过于求。

在回耶路撒冷的路上，我们问司机，明天愿意送我们去特拉维夫机场吗？他很乐意，于是我们谈价格。犹太人、穆斯林和中国人差不多，漫天要价，就地还钱。但是，他一天下来，和我们也熟悉

图204 铁丝网那一边是犹太人定居点

了,要的价格还合理,或许是相信我们宁可走到飞机场也不接受不合理的价格。我们和他商量好价格,就确定了明天一早他到我们驻地的时间。我们对他还是挺放心的。

这是耶路撒冷最后的一个晚上了。除了我们在伯利恒买来的蔬果,几乎弹尽粮绝。原来我们的驻地有房东给我们准备的咖啡,但由于我们前后待了四个晚上,早都被我们喝完了。他给的那种咖啡很不错,我前两天还打电话让房东再拿一些过来。我们在这里前后住了四天,你总不能就供应我们两天的咖啡吧?房东答应得好好的,但是始终没有拿来。弄得我们对整个以色列和犹太人都有意见了。最后他打来一个电话,说是很抱歉,由于种种原因,来不了了。我们也是很通情达理的,你不能来,说一声,我们也会理解的。我们不是那种不好伺候的人,只是希望被合理对待而已。反正我也知道犹太人的毛病,总体和中国人差不多。犹太人有的毛病,中国人都有;但是犹太人有的优点,中国人未必有。

咖啡没了,餐馆也不开,我们在驻地附近觅食良久,一无所获。安息日的影响真大，各个方面全部瘫痪，好在最后我们还是没饿着。有一个巴勒斯坦人开的小卖部，里面有各种半成品和成品卖，尽管不太好吃，但还是可以填饱肚子。再坚持24小时，我们就到巴黎吃大餐。

11.6 耶路撒冷的夜色和康德

明天没有什么可以忙乎的了，无非就是去机场、过安检、等待、登机、飞巴黎。到了巴黎熟门熟路，没有需要担心的。

晚餐意犹未尽，于是出去散步，喝点西北风弥补一下。耶路撒冷二月的晚上，有些凉意，但是对我们在加拿大久住的人来说，这已经是春天的温度了。特别是想想蒙特利尔此时的冰天雪地，耶路撒冷的此刻算得上春色宜人了。

耶路撒冷的夜色提醒着我们，整整十二天，就这样匆匆过去了，似乎就这么一瞬间。十几天，我们浏览了三大宗教的发源地。在空间上，我们穿越了沙漠死海；在时间上，我们闪回了数千年。耶路撒冷、以色列、安曼和约旦，就这样匆匆而来，匆匆而去。埃及、叙利亚、沙特阿拉伯和黎巴嫩，就这样擦肩而过，形同陌路，失之交臂。

在这距离耶路撒冷老城咫尺之遥，仅仅三公里的地方，居然有这样静谧和宽阔的街道，如此安静和柔和的傍晚（图205），电视新闻里经常可见的剑拔弩张，在此不见踪影。远处的密集灯光，是耶路撒冷老城的反方向，提醒着整个地区的人口稠密。但是，这并不是一片安宁的土地，从数千年前开始就不曾是，如今也不是，未来也难说。

在古罗马和以前的时代，直到此后很久，这里是耶路撒冷的城外，也许是荒原。耶路撒冷见证了沧桑。在世界的巨变中，我们只

图205 耶路撒冷驻地不远处的夜景

图206 康德的墓碑,哥尼斯堡(Königsberg前普鲁士城市),现俄罗斯加里宁格勒。In English, it reads: "Two things fill the mind with ever new and increasing admiration and awe, the more often and steadily we reflect upon them: the starry heavens above me and the moral law within me."

是其中的尘埃和瞬间。我在想，如果这里有一台摄像机，从三千年前开始拍摄，每天一帧照片，然后现在用普通放映速度（24帧/秒）回放出来，那么三千年的沧桑巨变，就可以在十三小时内重现给我们。那么我们会看到什么？我们会看到很多，但是也会忽视很多。

我们总是希望看到真实的历史，但是，由于人类本身的缺点，我们对于事实的陈述往往有偏差，而且很多细节可能完全被忽视。也许我们会有办法还原真正的历史，纠正我们现有的认识误差。考古证据也许是其中一个最好的参照，没有考古证据的传说永远不应该被当作真实的历史。

也许很久以后，我们有更好的办法回溯历史，比如，如果在1500光年的地方有这样一面镜子，地球上的所有可见光可以反映的事件都在那里被反射，那么我们只要可以接收到其反射，我们就可以看到三千年前发生的事情。这样的异想天开也许在今后某个时候可以被实现。

头上星空无垠，四周灯火阑珊，心中浮想联翩。不由想起康德的名言，其汉译是这样的：

> 有两种事物，越经常和执着地思索，就越令人赞赏和敬畏：我头上的灿烂星空，我心中的道德准则。

这段话出自康德的《实践理性批判》，德文原文也被刻在了康德在哥尼斯堡（Königsberg，亦即今天的俄罗斯加里宁格勒）的墓碑上（图206）[1]。

耶路撒冷，对我并不陌生，我是相当认真地阅读了《圣经》和有关历史后才来的。但是身临其境，毕竟感受有所不同。我阅读和思考关于宗教的问题已经很久，也许应该说是从大学时代就开始了，至少从1986年抵达加拿大前就开始了。我非常严肃地对比了古

---

[1] https://www.college.columbia.edu/core/content/kant%E2%80%99s-tombstone-kaliningrad

希腊和希伯来，或者说是对比了雅典和耶路撒冷。我的结论是很清晰的，我坚定地站在雅典一边，我有越来越多的理由这样声称。

现在的问题是，雅典和耶路撒冷是相辅相成还是不共戴天？这是一个巨大的问题。很多人对此有不同的思考。我希望告诉读者我的思考，不过我只能留到下一章来阐述这个问题，因为本章已经没法容纳太多的篇幅。而且，要真正深入讨论这个问题，那是任何一篇文章或一本书都做不到的。但是，我会在游记的结束篇，也就是下一篇，给出一个对此问题的素描式的回答。

12

耶路撒冷-特拉维夫机场-巴黎

旅行时间：2020-02-16 星期天

再见，耶路撒冷

早上起来，简单的早餐后，我们就收拾房间。其实我们可以不收拾，而留给房东来做。但收拾干净是我们的习惯，不知道我们蓝翔技校的校训吗——"规格严格，功夫到家"？不对，我是说哈工大。虽然我们经常嘲笑母校的校训，但是中国还真的需要这样的工匠精神。太多的人，大事做不来，小事不肯做。我们总是可以从小事开始做起的，至少给各地的房东留一个好印象。

收拾的结果，房东来了，把垃圾倒掉就可以了，别的几乎不需要再做什么。如果国人都像我们，下次大家出去就不必装日本人了。

我们把房门钥匙按照房东的要求放在了门外公共橱柜的容器里，这样后面有租户来，房东就让他们从这里拿就是了，无须亲自跑过来。我们来时他也是这么安排的。看来耶路撒冷还是很安全的，否则谁都不敢这么操作。

司机如约而至。星期天上午9点，城区街上空空如也，我们很快就上了443号公路，直奔特拉维夫国际机场。高速公路上也冷冷清清。这条高速公路从耶路撒冷到机场的2/3路段在巴勒斯坦区。在这区间，两侧都是高墙（图207，图208），高墙另一侧是巴勒斯坦居住区，只有高速公路由以色列控制。这种隔离看起来很残酷，但是如果没有这样的隔离，现实会更加残酷。

没有人喜欢高墙，但是另一个选择更糟。看看南非发生了什么。现在白人和黑人都受害，有哪个白左出来承认他们当年鼓吹错了？！很多左翼人文知识分子是永远不会认错的，他们只管鼓吹那些他们一厢情愿却没有严格论证的东西，他们听不得反面意见，他们满腔热情，一意孤行。事情要是成功了，功劳都是他们的；事情如果搞砸了，后果与他们无关。面对南非现在的一地鸡毛，当年声嘶力竭慷慨激昂的他们，现在却假装没看见。

不知是谁在一面隔离墙上画了一个门洞，造成了两侧相通的视觉效果（图208）。尽管这不是现实，但是尽显人们的期望。人都是向往自由的，但是自由并非无偿。

我们9:50左右就到了机场，路上花了不到一小时。距离起飞还有漫长的四个小时。起飞时间是13:55，从特拉维夫机场直飞巴黎戴高乐机场。我们给自己留足了时间，因为我们知道特拉维夫机场安检的冗长，而且我还要去纠正一个愚蠢的错误。

我们在离开迪莫纳（Dimona，见第六章）时，居然忘记把钥匙

图207 耶路撒冷通向特拉维夫（Tel Aviv）机场的443号公路两侧的高墙

图208 耶路撒冷通向特拉维夫（Tel Aviv）机场的443号公路两侧的高墙和壁画（涂鸦）

留给房东了。我第二天打电话问房东怎么给他，他说不急，啥时候方便邮寄过去即可。我跑到机场的邮局，也搞不清楚那是算普通包裹还是挂号邮寄，反正按照邮局职员的建议办。居然要25美元多。我不知道在以色列配一把钥匙要多少钱，还不如付钱给房东让他自己配一把呢。但是总不能我手里留一把别人的钥匙吧，于是还是选择贵得离谱的邮寄。诚信需要大家维护，愚蠢应该自己买单。

有人问，什么是世界上最昂贵的？答案千奇百怪，但是正确的答案应该只有一个——愚蠢。理由很简单，人类自己的愚蠢，造成了最昂贵的损失。尽管蠢货在市场上供过于求、分文不值，但是其总有办法让人类付出高昂代价。我们自己，也时常扮演着蠢货。要降低成为蠢货的风险，只有一个途径，那就是反思自己和允许别人批判自己。为了这个社会减少蠢货，我们也必须批判他人和社会。

这也是人文知识分子成为蠢货的几率远远大于理工知识分子的原因，前者不需要像后者那样接受科学实验或客观现实的裁决，因此对不同意见可以置之不理。人文学科是一个缺少负反馈的领域，而一个没有负反馈的系统，其结局只能是崩溃，或在有强有力约束的情形下形成不收敛的振荡。我们明白，他们未必。

由于众所周知的原因，特拉维夫机场安全措施极其严格，那绝对是世界上最安全的机场，没有之一。但是我们通过安检的过程也没有令人感觉到特别的麻烦，我们最初的想象是多虑了。看来以色列人在这方面做得相当不错，既保证了安全，又不至于太令人感到不适和冗长。出发大厅和我们来时体验过的抵达大厅同样干净整洁。

12.2 历史和思考

这次旅行基本上就到此结束了，剩下的只是回家的路，勉强算得上旅行的一部分。但是，思想的旅行无法如此容易地结束，甚至也许是刚刚开始。

有的游记，写吃喝住行和风土人情，这挺好，写得轻松，看着惬意。但是，在地中海文明区旅行，也许这是不够的。文明的滥觞和冲突，宗教的发生和对抗……这里数千年来发生和演绎的事件，深刻地影响了人类社会的意识和存在。到这里来旅行，用脚和眼睛远远不够。如无思考，难有收获。

一再想起古罗马凯撒大帝的豪言壮语——"我来到过，我看见过，我征服过"（Veni, Vidi, Vici）。每一个人都可以做到前两者，而只有极少数可以做到后者。在这里曾经做到的有亚述帝国、巴比伦帝国、波斯帝国、古希腊、古罗马、奥斯曼帝国和大英帝国等。当然还不止它们。这是一片神奇的土地，我们有幸在时间和空间上闪回。感慨不难，思考不易。

也许我们可以在别人思考的基础上开始我们的思考。让我们聚焦耶路撒冷，从这两本曾经在第十章里提到的书说起。

一本是2011年出版的《耶路撒冷三千年》（Jerusalem: The Biography）[1]，作者是英国人西蒙·蒙蒂菲奥里（Simon Sebag Montefiore, 1965- ）。其英文原书名更加准确，而其汉译书名更吸引国人。另一本是很久以前出版的《雅典和耶路撒冷》（Афины и Иерусалим, Athens and Jerusalem）[2]，作者是俄国人列夫·舍斯托夫（Lev Shestov, 1866-1938）。他们两人同时也都是犹太人（图171）。

我们不妨先看看著名历史学家比弗（Antony Beevor）对前者言简意赅、毫不留情但足够公允的书评[3]。其足以让我们对耶路撒冷有一个初步的认识：

> 蒙蒂菲奥里（Simon Sebag Montefiore）写道："耶路撒冷是圣城，但它始终是迷信，诈骗和偏执等等的巢穴……"犹

---

[1] Simon Sebag Montefiore, *Jerusalem: The Biography*, Weidenfeld & Nicolson, 2011
[2] Lev Shestov, Афины и Иерусалим (Athens and Jerusalem,) Originally published: 1938
[3] Antony Beevor, "Jerusalem: The Biography by Simon Sebag Montefiore" - review, *The Guardian*, 2011 https://www.theguardian.com/books/2011/jan/29/jerusalem-biography-simon-sebag-montefiore-review

太人、基督教徒和穆斯林都感到不得不改写其历史以维持自己的神话。这场长达3,000年的冲突提供了一个可怕的故事,他讲得很好,但无意中很可能证实了无神论者的偏见。

耶路撒冷的历史从一个村庄开始,经过无数次被征服或占领——迦南人、以色列人、亚述人、巴比伦人、波斯人、马其顿人、塞琉古人、罗马人、拜占庭人、倭玛雅人、阿拔斯人、法蒂玛人、塞尔柱人、十字军、萨拉森人、鞑靼人、马穆鲁克人、奥斯曼人、英国人、约旦人,最后是以色列人。敌对的礼拜场所被摧毁,其石头被用来建造新的礼拜场所,这使得耶路撒冷成为世界上最复杂的考古遗址。人口被肆意屠杀或出售为奴,之后又被新的移民取代。书中充斥着迷人和丑恶的细节,生动地描述了战争、背叛、抢劫、强奸、屠杀、酷刑、狂热、仇恨、迫害、腐败、伪善和灵性。

在阐述最早的大卫王前,蒙特菲奥里先叙述了公元70年提图斯[1]洗劫耶路撒冷和摧毁圣殿。每天有500名犹太人被钉死在十字架上,一些幸存者被卖为奴隶。

提图斯对耶路撒冷的破坏并不是大流散(Diaspora)的开始,但确实使得犹太人向往失落的城市和被毁的圣殿。60年后,哈德良[2]镇压了另一起更有组织的犹太人暴动。

公元四世纪,君士坦丁皇帝将基督教强加于东西两个罗马帝国,犹太教面临新的挑战。海伦娜女皇在废墟上重建耶路撒冷,使这个城市成为基督教的朝圣中心。继位的君士坦丁的侄子叛教者朱利安出乎意料地倒行逆施,居然重建犹太圣殿,这让犹太人欣喜万分。但是,新皇帝狄奥多西再次将基督教地位至高无上,并禁止犹太人进入耶路撒冷。

公元七世纪,伊斯兰教也青睐耶路撒冷。穆罕默德崇敬

---

[1] Titus,罗马皇帝,公元79-81年在位。70年,提图斯以主将身份攻破耶路撒冷,大体上终结了犹太战役。(参见https://zh.wikipedia.org/wiki/提圖斯)
[2] Hadrian,罗马皇帝,公元117-138年在位。有"智帝"之称,以建造哈德良长城而闻名

《圣经》，将摩西和耶稣视为先知，他像犹太人和基督徒一样，相信耶路撒冷将是最后审判地。基督徒不战而降，拱手相让耶路撒冷。犹太人非常欢迎他们宽容的新主人，但是在圣殿山建造的圆顶清真寺意味着犹太人无法重建所罗门圣殿。

好景不长，随和的倭玛雅王朝终结，严苛的阿拔斯王朝失去了对耶路撒冷的兴趣。相反，基督教欧洲却对耶路撒冷虎视眈眈。1099年，第一支十字军以骇人的屠杀占领了耶路撒冷。

耶路撒冷王国的命运起伏不定，一直持续到1187年，西比拉女王（Queen Sibylla）的丈夫（Guy de Lusignan）在真十字架的带领下向加利利进军，结果被萨拉丁击败，耶路撒冷也随后沦陷。1228年，神圣罗马帝国皇帝腓特烈二世占领了耶路撒冷，但把圣殿山全部交给了穆斯林。他的宽容，罕见于耶路撒冷历史。1244年，基督教的耶路撒冷最后一次沦陷，直到1917年艾伦比将军[1]的军队击败了奥斯曼土耳其人。

考虑到他自己的家庭与犹太耶路撒冷的密切联系[2]，蒙特菲奥里的叙述非常客观、可靠和令人信服。

文中提及的提图斯（Titus）对耶路撒冷的征服，已经是外族征服耶路撒冷的第N次，而且此后还有n次。罗马人认为这次征服是非常重要的，作为当时罗马皇帝维斯帕先（Vespasian）的儿子，后来自己也是罗马皇帝的提图斯，也这样认为。今天在罗马，你还可以看到纪念提图斯征服耶路撒冷的凯旋门（图209）。

如果说《耶路撒冷三千年》给出的是历史事实和质疑的话，那么《雅典和耶路撒冷》则完全相反，其既不理睬历史事实，也不屑于质疑。舍斯托夫坚定地站在耶路撒冷一边，对雅典大加鞭挞。舍斯托夫的全部观点基本上就是德尔图良（Tertullian，155 – 220AD）的翻版。其书的扉页上写着德尔图良的著名问话：

---

[1] Allenby，二战英军将领，在第9章中提到
[2] 蒙特菲奥里（Montefiore），出生于犹太名门望族。参见 https://en.wikipedia.org/wiki/Simon_Sebag_Montefiore

图209 罗马提图斯凯旋门，纪念提图斯在耶路撒冷的成功征服，背后右侧是罗马斗兽场，2012年摄于罗马

雅典和耶路撒冷有什么相干吗？（What has Athens to do with Jerusalem?）

德尔图良是这样回答自己的问题的：

那么耶路撒冷和雅典有什么相干吗？教会和学院有什么相干吗？基督徒和异教徒有什么相干吗？……耶稣之后我们不需要观望，福音之后我们不需要探索。（What has Jerusalem to do with Athens, the Church with the Academy, the Christian with the heretic?… After Jesus we have no need of speculation, after the Gospel no need of research.）

舍斯托夫在书中，以梦呓一般的语言，歌颂了耶路撒冷贬抑了雅典。对舍斯托夫，我们无可厚非，因为宗教只需要忠心耿耿、死心塌地，而理性才崇尚逻辑思辨、批判质疑。因此，我们可以理解，代表宗教的耶路撒冷和代表理性的雅典确实截然不同，甚至不共戴天。德尔图良和舍斯托夫坚定地站在耶路撒冷一边，而我坚定地站在雅典一边。

要理解耶路撒冷，仅仅审视耶路撒冷是远远不够的。要理解耶路撒冷，必须回顾和审视整个地中海地区，尤其是雅典。你必须理解舍斯托夫对雅典的痛恨和对耶路撒冷的狂热，你也必须理解汉密尔顿（Edith Hamilton）对雅典的歌颂和热爱，你也必须理解弥尔顿（John Milton）的《论言论自由》（Areopagitica）[1]的背景和意义。

数千年来，耶路撒冷和以色列的历史地位，仅仅相当于在几个伟大文明进行演出的大剧场里的某个休息室的一角，伟大的演出从来没有在这里发生，但是每次演出都染指了这里。这个休息室的角落里，留下了那些伟大主角们的痕迹和轶事。虽然难能可贵，但是仅此而已。耶路撒冷凭借着自己对苟延残喘和出人头地的执著，生拼硬凑出了歌颂自己的宏大剧本，志在超越那些真正的舞台、演出和主角。这些鲜有历史真实的剧本，却影响了后世的精神世界，改变了文明的历史进程，甚至激起了比那些伟大文明更大的喧嚣。

无论是在古埃及和两河流域文明时期，还是在古波斯、古希腊和古罗马时期，耶路撒冷都只是这些伟大文明的边缘地带和结合部。外来统治者的不断更换，给这个地区带来了很多不确定性。在基督教诞生前后和扩张时期，这里的版图大致是这样的（图210、图211）。

在巨大的希腊化地区和广袤的罗马帝国版图中，耶路撒冷就像是一只蚂蚁，在一头大象的脚下。读者放大地图后可以看到，耶路

---

[1] John Milton（1608-1674），英国诗人、思想家，因其史诗《失乐园》和反对书报审查制的《论言论自由》（也称《论出版自由》）而闻名于后世。《论言论自由》（Areopagitica: A Speech for the Liberty of Unlicensed Printing）发表于1644年。

图210 亚历山大大帝后的希腊化时期240BC的版图 (Ian Mladjov/Wikipedia/CC BY-CA 4.0)

图211 古罗马版图,图拉真在位的最后一年和哈德良即位的第一年,117AD (Tataryn/Wikipedia/CC CA-SA 3.0)

撒冷在地中海东岸的一个很小的角落。耶路撒冷无论从政治上和军事上都可以被忽略，而在科学和艺术上更是微不足道。但是，正是凭借着希伯来人对神话的信仰和对自我的执着，使得基督教得以产生和发展，最终走出犹太人社区，面向所有人，从而如火燎原，以至于罗马帝国最后都不得不假借其影响以巩固统治，甚至将基督教尊为国教。

耶路撒冷到底是什么？其被认为是犹太教、伊斯兰教和基督教的发源地，一神教的故乡。雅典又是什么？其被罗马继承，被文艺复兴弘扬，是数学和科学的故乡，也是自由和民主的源头。

耶路撒冷最重要的特点就是热爱信仰、蔑视证据，而雅典最重要的特点是崇尚逻辑、重视证据。现在我们欣赏的基督教，并不是耶路撒冷的产物，而是经过雅典改造的产物。现代基督教是被"雅典"重新解释成这样的，而犹太教和伊斯兰教是被"耶路撒冷"解释成那样的。

为了更好地理解雅典和耶路撒冷的特点和不同，让我们从社会、学术和艺术几个方面来对比一下雅典和耶路撒冷。

12.3 雅典vs耶路撒冷

12.3.1 社会

犹太人的信仰妨碍了他们自身的进步。安条克大帝（Antiochus the Great，241–187BC）时期，很多犹太人已经被希腊化，接受了很多新思想，但是一部分顽固的犹太人不惜以屠杀持有异见的犹太人的方式来捍卫他们的信仰。以上帝的名义谋私，这可能是最高境界的谋私了。

当一神教的犹太教排斥了希腊化之后，《耶路撒冷三千年》这样描述公元前201年的耶路撒冷[1]：

---

[1] Simon Sebag Montefiore，《耶路撒冷三千年》，民主和建设出版社，2014，P67

耶路撒冷成了一个"神权国家"——这个词是由历史学家约瑟夫斯（Josephus）创造的，用来描述这个"整个国家主权和所有统治权威都掌握在上帝手里"的小国。苛刻的规定支配着生活的每个细节，因为政治和宗教没有任何区别。在耶路撒冷既没有雕像也没有塑像。遵奉安息日是令人痴迷的事情。所有违背宗教的罪犯都被处以死刑。有四种处刑方式——石刑、火刑、斩首和绞杀。通奸者要用石头砸死，这个刑罚由整个社团执行（尽管被定罪人首先要被扔下悬崖，这样在被众人扔石头前他通常是不省人事的）；殴打父亲的人要被绞杀；与母女都有通奸行为的人被处以火刑。

似曾相识？是的，很像今天执行"伊斯兰教法"（Sharia Law）的地区。对比多神教的其它地区，似乎都找不到这样的野蛮。尤其是古希腊，这样的野蛮闻所未闻。古希腊的已婚女子，即便和别人通奸，丈夫也只能休掉妻子，而不能加害于她[1]。所以，作为考虑之一，衣食无忧、家境较好的雅典人家庭的房子都是二层楼有院子的，女子都住在内院的二楼上，以防红杏出墙。而对有同样行为的男子更加宽容。这的确是男女不平等。古希腊社会显然存在着严重的男女不平等，但是相比别的社会，其宽容令人赞叹。

古希腊是法治的，从未政教合一。即便是在西方经常来用以形容严刑峻法的所谓雅典"德拉古法"（Draconian，成于622BC），也根本没有一神教那样的野蛮。即便是雅典的奴隶，其权利也受到法律保障。

我们不妨看看当年雅典是如何对待耶路撒冷的。耶稣之后，使徒保罗在地中海东岸传教，被人打得满地找牙后，跑到雅典去试试运气。在雅典，他受到了完全不同的待遇。雅典人告诉他，我们不会像他们那样虐待你，无论是否同意你的看法，我们都会让你表达。这就是雅典的法律和胸怀。

正是由于雅典对言论自由的信仰和实践，公元1644年弥尔顿在

---

[1] R. Flaceliere, *Daily Life in Greece at the Time of Pericles*, Phoenix Press, 2002

发表争取言论自由和出版自由的檄文时,其标题便借用了雅典最高法院的地名。雅典的最高法院就在雅典卫城脚下一个叫"Areopagus"(图212)的地方。

这本书,就是千古奇书"Areopagitica"(《论言论自由》,或称作《论出版自由》)。且慢,这原文书名怎么看起来毫不相干也不知所云,这是英文吗?这原来并非英文,而是从希腊文的雅典最高法院所在地"Areopagus"派生出来的。公元前四世纪,雅典哲学家Isocrates以"Areopagitikos(希腊语: Ἀρεοπαγιτικός)"发表过一个讲演,而弥尔顿则借此以雅典最高法院对言论自由的矢志不渝,寓意他的时代需要以雅典为榜样。

弥尔顿要表达的很清楚,最高的立法和司法应该是对言论自由和出版自由的明确立法和坚决捍卫。于是,"Areopagitica"按照意译,成了《论言论自由》(或《论出版自由》)。而"Areopagitica"也成了最知名的英文,当然是在西方受过良好教育的人之中。

图212 雅典卫城(Acropolis)脚下的Areopagus,古希腊时期的最高法院就在这里,摄于2010年11月

在言论自由这个问题上，17世纪的英国，要以两千年前的雅典为榜样，这就是弥尔顿要告诉我们的，这就是雅典在人类文明史上的地位。

可以说，是雅典拯救了耶路撒冷。如果没有希腊化地区对使徒们传播基督教的宽容，用今天的话说，那基督教连一根毛都不会剩下。但是，谁能想到，在数百年后的公元四世纪基督教被罗马确认为国教后，耶路撒冷竟然恩将仇报迫害古希腊文明。更令人难以想象的是，雅典还将再次拯救耶路撒冷，那就是引进柏拉图和亚里士多德以改造基督教，让基督教从狂热和野蛮走向理性和文明。

现代奥林匹克的前身古代奥林匹克运动会，始于公元前776年，每四年举行一次。这是整个古希腊世界[1]的盛会。但是，在基督教成为意识形态的主宰之后的公元394年，奥运会被禁止了。历经1170年的盛会，以不信仰基督教的理由而被禁止了。

古希腊文明被贴上"不信上帝"的标签，被斥为"异教徒"的产物，然后被那些自称为"上帝的子民"摧毁了。在文明和野蛮的较量中，在正义和邪恶的角斗中，并不一定总是文明和正义获胜，许多时候野蛮和邪恶会占上风。这是人类的不幸；这样的不幸，并不始于亦未终于古希腊文明的消亡。

从《耶路撒冷三千年》里，你可以看到希伯来人在自己的统治期间几乎没有一个像样的君主，看看那个有700个老婆和300个嫔妃的所罗门王，就可见一斑（第十章）。只有在外族的统治下，普通的犹太人才过得好一些[2]。

12.3.2 学术

亚历山大城（Alexandria，第一章中提到）在埃及，距离耶路撒冷不远。这是亚历山大大帝建立的希腊化最好的城市，至今还叫

---
[1] 指所有希腊城邦国家，包括地中海和黑海沿岸，如现在的意大利、西班牙、法国、北非、土耳其、克里米亚等等
[2] Simon Sebag Montefiore, *Jerusalem: The Biography*, Weidenfeld & Nicolson, 2011, P79 – 80

亚历山大城。就是在那里，基督教和古希腊文明产生了不可思议但却在情理之中的冲突。

亚历山大城的兴衰也是科学和学术的兴衰。这座希腊化时代最辉煌的城市，聚集了大批的学者，有着最宽松的学术氛围，还有着世界上最大的图书馆。可以说，亚历山大城就是埃及的雅典。当时世界学术的中心已经从雅典转移到了亚历山大城，很多知名学者都曾经在那里学习、研究，比如欧几里得、阿基米德、阿里斯塔克、艾拉托色尼、盖伦和刁潘都……多如繁星。

图213 古希腊亚历山大城的女数学家希帕提娅（Hypatia），埃尔伯特·霍巴德作于1908年（Wikipedia/public domain）

但是，这座城市被一神教的基督教和伊斯兰教摧毁了。公元四世纪到六世纪，古希腊文明的最后堡垒亚历山大城不断被基督教徒和伊斯兰教徒焚烧和洗劫。雅典曾经善待了耶路撒冷，宽容了保罗在雅典的传教，但是耶路撒冷没有容忍雅典。雅典拯救了耶路撒冷，但是耶路撒冷摧毁了雅典。整个原来的希腊化地区进入了前所未有的黑暗，直到文艺复兴。

具有象征意义的是，狂热的基督教徒用极其残忍的方式杀死了亚历山大城的古希腊女数学家希帕提娅（Hypatia，公元370－415，图213），也就是图226中左下方的那位女性。这次，古希腊就没有被古罗马征服时那样"幸运"了。古罗马仅仅在物质上征服了古希腊，而古希腊在精神上征服了古罗马。共和国时期的古罗马心胸开阔、虚怀若谷，几乎全盘接受了古希腊思想。但是，这次基督教和伊斯兰教则要在精神上彻底消灭古希腊。

265

最后，在公元640年，伊斯兰教徒彻底焚烧了亚历山大城的希腊藏书。当哈里发奥马尔（Umar）被问及是否应该保留一部分希腊著作时，他的那句臭名昭著的回答至今让人义愤填膺——"那些著作中如果《可兰经》中已经有的，我们就不需要它；而在《可兰经》中没有的，我们就更加不需要它。"因此，所有的著作都被烧毁了。

科学在古希腊繁荣昌盛，在崇尚古希腊的罗马时代也如日中天，但是到了中世纪就式微凋零了。在中世纪，整个一神教地区的科学乏善可陈。在一神教的犹太国和以色列，根本没有可能产生任何甚至接近毕达哥拉斯或者欧几里得的伟大智者，连影子都没有。在一神教成为主宰的中世纪，再无欧几里得或阿基米德，他们成了遥远的绝响。

天文学是一个典型。古希腊的阿里斯塔克（Aristarchus of Samos，约310 – 230BC）和艾拉托色尼（Eratosthenes，276 – 194BC）这样伟大的天文学家，甚至提出了日心说和计算了地球子午线的长度。而公元二世纪托勒密的《天文学大成》（Almagest）则集几何、数学和天文学之大成。

到了中世纪，这些伟大的创举都不见了，托勒密理论也成了教会禁锢人们思想的教条。古希腊时代的伟大创举托勒密理论，居然沦落为中世纪用来迫害思想和学术自由的教条。

宗教和批判很难相容，这就是为什么古希腊的多神信仰至今不被认为是宗教。因为其缺少宗教的一个本质特点——拒绝质疑。而一神教正是由于其对绝对真理的垄断和不容置疑，导致了学术和科学的乏善可陈。

12.3.3　艺术

读者随我们的游记到过佩特拉，那里是多神教的一个小城市，年代和耶路撒冷差不多，但是那里留下的古迹要比耶路撒冷同时期的高大上不少。如果我们拿耶路撒冷和别的多神教文明中心比，如埃及、两河、希腊和罗马，那差距就更大了。

我们来审视一下比较容易显示人文精神的文学和绘画。本来音乐也是一个重要组分，但是由于很难保留音乐作品，所以我们今天很难重现古代的音乐。

我们可以说华夏民族是唯一一个没有史诗的大群体，也许你可以说犹太人也没有史诗，或曰：耶路撒冷没有史诗。不过，那本《塔纳赫》（Tanakh，希伯来圣经）也可以看作是某种史诗。但是，把《塔纳赫》当作史诗和别的史诗比较，那确实是不太合格的。一神教的特点决定了其不会有真正的史诗，因为其没有胆量进行悲剧式的两难处境的思考。古希腊的荷马史诗《伊利亚特》（Iliad）和《奥德赛》（Odyssey）是闪烁着人性光辉的巨作。这样的作品对一心匍匐在唯一的至高无上不可置疑的神面前的群体是不可想象的。希伯来的一神教《圣经》不可能有安提戈涅（Antigone）式的面对道义和理性的两难时的勇气，不可能有荷马史诗中英雄们的胸怀。坦率地说，我在仔细研读《圣经·旧约》时，确实无法接受《约伯记》和《创世纪》的说教，那里毫无古希腊式的理性或质疑，只有约伯和亚伯拉罕式的狂热和野蛮。按照《圣经》的字面意义，那绝对不会有任何善果，因此后来神学的主要任务就是重新解释这些反人类的教条和行为，使得它们能够和人类理解的正义自洽。

古希腊人从不跪拜神灵，他们即便祈祷也站立着。他们的诸神充满着人性的光辉和缺点。他们对神的赞颂，也是对他们自己的赞颂；他们对神的质疑，也是对他们自己的质疑。他们坦然面对质疑和批判，他们创造了一个质疑和批判的系统。近代科学告诉我们，只有这样的系统才不会崩溃。

对比中世纪和古希腊的绘画雕塑，反差巨大。首先，在耶路撒冷看不到什么绘画或者雕塑。耶路撒冷没有艺术，在古罗马到来之前基本上是这样的。我们曾经在第六章中展示了代表耶路撒冷艺术水平的马萨达的马赛克，那水平实在无法和古希腊的相提并论。由于耶路撒冷既没有科学也没有艺术，因此也没有需要这两者进行结合的像样的建筑。所罗门第一神殿就是一个意淫（第十章）。耶路撒冷拿得出手的建筑都是希腊化和古罗马时代之后的。因此，我们只能将古希腊时代的艺术和中世纪时的作比较。

我们先来看看基督教成为罗马国教前的艺术作品。古希腊的雕塑简直可以称作辉煌和奇迹（图214、图215），古罗马的艺术作品就是很好的样板（图216、图217、图218、图219、图220）。到了中世纪，我们能够看到的就成了这样的了（图221、图222）。乔托（Giotto Di Bondone，1267－1337AD）是中世纪著名画家，他已经处在中世纪的后期，他是一位值得赞扬的艺术大师。我不是贬低乔托，而是说，即便如乔托这样的大师，在那样一个时代也无力回天。他的作品也完全没有早于他1200多年的庞贝作品的人文气息，用古希腊大师的作品比之，可谓云泥之别。

当我们进入到文艺复兴时期，绘画和雕塑才恢复了古希腊古罗马时代的人文气息（图224、图225、图226、图227、图228）。我们可以毫不犹豫地这样声称：**"文艺复兴"就是复兴古希腊的价值。**

如果你今后去卢浮宫，我建议你一定沿着时间顺序，从古希腊厅走到古罗马厅，再走到中世纪长廊，再走到文艺复兴。你会非常直观地感受到什么是古希腊，什么是中世纪，什么是文艺复兴。然后可以尝试思考它们。

看过《蒙娜丽莎》这幅画的人也许都有一个疑问：这么小的一幅肖像画何以如此名声显赫？其实把《蒙娜丽莎》（图227）这样一幅作品和达·芬奇所在的时代割裂开来，便难以评价其价值，从而难以理解其理由。仅仅从技巧上和人物的形象上，并无法解释这幅作品的重要性。画中人物当时并不著名，既无惊人的美丽，亦无显赫的背景，绘画技巧在当时也没有什么特殊。因此有人会觉得也许是达·芬奇的名气使得这幅画如此著名。这当然是理由之一，但不是最重要的理由。

图214 狩猎女神（Artemis），罗马时期公元1—2世纪复制品，古希腊原作公元前4世纪。2009年摄于巴黎卢浮宫

图215 维纳斯(Venus)古希腊雕塑,罗马时期复制品,公元1—2世纪。2008年摄于伦敦大英博物馆

图216 庞贝古城湿壁画（Roman fresco with a banquet scene）（Wikipedia/public domain）

达·芬奇的时代正是文艺复兴如日中天的时代。在卢浮宫里，我们可以看到许多文艺复兴之前和文艺复兴早期的作品。那些作品中通常充斥着宗教内容，圣母、圣子、天使和天国等等。几乎所有的作品都在很大程度上表现了基督教的内容和价值。如果在卢浮宫中按照时间顺序反复欣赏，就会体会到《蒙娜丽莎》这部作品的独特意义。当你从中世纪的陈列品开始观赏，走到这里，会感到突然眼前一亮——神灵散去，人间归来。

那是一个宗教和世俗争夺政治权力的时代，那是一个把人从宗教的束缚中解放出来的时代，那是一个回归理性的时代，那是一个重新回到古希腊价值的时代。第一次，一位普通夫人出现在一幅大师的作品上。当时已经年届五十、历经沧桑的达·芬奇，通过《蒙娜丽莎》，和他同时代的大师们，向世人阐明了这样一个道理，向世人公布了这样一个宣言——

图217 庞贝古城静物湿壁画，63-79AD（那不勒斯国家考古博物馆/public domain）

图218 弹基萨拉的妇女坐像壁画，装饰在庞贝古城附近的博斯科雷尔(Boscoreale)的一座别墅中，50-40BC （纽约大都会博物馆/public domain）

图219 博斯科雷尔一座别墅中的卧室墙画，50－40BC（纽约大都会博物馆/public domain）

图220 庞贝湿壁画，公元前1世纪，2016年摄于那不勒斯意大利国家考古博物馆

图221 圣方济各接受圣痕 乔托作于1297－1299AD，2015年摄于巴黎卢浮宫

图222 耶稣受难（La Crucifixion）乔托作于1328－1333AD，2015年摄于巴黎卢浮宫

图223 圣母、圣婴和六天使,Cenni di Pepe作于1280 AD,2013年12月摄于巴黎卢浮宫

图224 春（Primavera），波特切利（Sandro Botticelli），late 1470s or early 1480s （佛罗伦萨乌菲齐博物馆/public domain）

图225 维纳斯的诞生（The Birth of Venus），波特切利（Sandro Botticelli），约1485AD（佛罗伦萨乌菲齐博物馆/public domain）

图226 雅典学院(School of Athens)，拉斐尔（Raphael）作于1509（梵蒂冈博物馆/public domain），左下角那位女士可能就是希帕提娅（Hypatia），右下角持天球者就是波斯人琐罗亚斯德。

即使没有教廷，我们也可以微笑得如此自信！

三年之后，由拉斐尔完成的《雅典学院》（School of Athens，图226）直截了当地告诉我们，文艺复兴就是古希腊价值的复兴。而乔尔乔内作于《蒙娜丽莎》之后两年的《暴风雨》（Tempest，图228），重申了文艺复兴的人本主义价值。在这些作品中，神已不再是主题，甚至不见踪影；人也不再是附庸，已然成为主角。人在艺术品中的形象，从中世纪的卑微和服从，转变为自尊和坦然。人的价值，回归古希腊，再次成为万物的尺度。

这才是《蒙娜丽莎》绘画的真正价值所在。半个千年过去了，人类社会经历了伟大的变迁。作为现代社会的理由和源头的"文艺复

图227 蒙娜丽莎（Mona Lisa），达·芬奇（Leonardo da Vinci）作于1503—1506 AD（卢浮宫/Public domain）

兴"掀起的惊涛骇浪，已经平复成了波澜不惊的涟漪，甚至已经逐渐淡出了我们的视野。我们大多数人只为今天的成果喝彩，而忘记了它们之所以然的理由和源头。

从以上对社会、学术和艺术几个方面的比较和阐述，我们可以看到——在基督教成为国教后，整个罗马帝国堕入了黑暗。无论从社会、科学和艺术的角度，和曾经的古希腊、古罗马相比，都无可争议地倒退了。

希伯来自身在一神教下，没有产出一位具有影响力的人物，在科学和艺术上乏善可陈。至于大卫王和所罗门的神话，则是编造出来的，他们本人也就是一个村长的角色。而所罗门第一圣殿也是子虚乌有（见第十章）。所有的《希伯来圣经》和《圣经·旧约》里的事件都查无实证。这些事件的唯一"证据"就是传说。

图228 暴风雨（The Tempest），乔尔乔内（Giorgione）作于1506－1508年，2018年摄于威尼斯学院美术馆

在拉斐尔的《雅典学院》里，我们可以看到波斯多神教的琐罗亚斯德（图226），但是看不到任何一位一神教的人物。一神教对人的思想的禁锢是最甚的，也许这就是为什么产生不了大师的理由。

12.4 一神教极简史

有人认为，耶路撒冷之所以重要，是由于其是三大宗教的发源地，这确实意义重大，但是这并不说明其对文明的贡献。在以上的阐述中，我们知道，耶路撒冷在社会、学术和艺术上都乏善可陈。

279

尽管如此，耶路撒冷对于宗教的确至关重要。何以一个在各个方面都微不足道的地方，却在宗教上占据如此重要的地位？

至于三大宗教的起源和彼此关系现在应该很清楚了，我们可以这样简述：

犹太人在颠沛流离和夹缝生存中，亟须一个可以团结自己和提高士气的说教，于是就编造了一个神话，亦即犹太教义《塔纳赫》。在这个教义下，犹太人以上帝的选民自居，极大地提高了自尊和自信。然而事实是，犹太国是地中海文明圈里最落后的地区。正因为落后，才需要吹嘘。

然后来了耶稣，想自立门户，自称是上帝的儿子和犹太人的救世主。这是可以理解的。总有人想自立门户，这是人之常情。犹太人排挤和痛恨耶稣也在情理之中，谁让你自称上帝的儿子？你要是上帝的儿子，那么我们这些犹太拉比怎么办？于是他们觉得耶稣于他们就如同芒刺在身，不除不快。那些犹太人终于借罗马人的手达到了自己的目的。

耶稣之后，使徒保罗等终于发现，耶稣的方法不对，这个事业（或者生意）在犹太人里面是做不好的，要想有前途，就要发展犹太人之外的普罗大众。于是就到处传播，面向普罗大众，而不仅仅是犹太人。这就是保罗去雅典的理由。雅典和希腊化地区对此的宽容，让保罗等绝处逢生。结果信徒剧增，大获成功。

成功的经验总有人照抄，这就来了穆罕默德，他发现这是一门好事业（好生意），于是就把《希伯来圣经》和《圣经·新约》的一部分照本宣科或者选择录用，这就搞出了伊斯兰教。由于门槛很低，于是吸引了大批下里巴人，大获成功。

这就是耶路撒冷成为三大宗教发源地的历史事实和逻辑推理。

12.5 人本主义、神本主义和官本主义

华夏本来是可以发展出多神教的，结果最终虽然"多神"，但是"无教"。这是由于"官"被置于所有的神之上，也是由于没有质疑的勇气和理性，而成为了远不如神本主义的官本主义，至于人本主义，则更是无从寻觅。

我把人类社会分成了人本主义、神本主义和官本主义三种形态。毫无疑问，其中人本主义是最为文明、人道和合理的社会。神本主义次之，其至少能够以上帝的名义质疑人间的任何权力，使得最高掌权者也不得不承认自己不是神，也不得不声称在神的面前自己也是罪人。正是这个意义上，神本主义体现了远远高于官本主义的合理性。神本主义顶礼膜拜的是虚无缥缈的上帝，而官本主义顶礼膜拜的是实实在在的人间的权力。毋庸讳言，最不堪的是官本主义，那里甚至神都必须屈尊于官，所谓没有某某官就没有某某佛，就非常直观地道出了官本主义的本质。

多神教并不总是合理的。但是历史事实表明，在埃及、两河、希腊和波斯的多神教，其表现远比一神教更为宽容和自由。

其中，古希腊最为特殊，只有古希腊创造了人本主义。古希腊人胸怀宽广，从善如流，他们根本不在意你是否相信他们的神，他们自己都不太恭敬他们的神。即便是他们最大的神宙斯，在那些古希腊人看来，还不是照样可以调侃和指责？古希腊的众神之于古希腊人，更像是他们的兄弟姐妹父老乡亲，只是能力超凡长生不老，仅此而已。除此以外，众神们有着和古希腊人一样的瑕疵缺点和喜怒哀乐。

对比古希腊的神话和以色列人的传说，其间差异非常显著。前者对神平视坦然，后者对神顶礼膜拜。古希腊的土地贫瘠稀缺，以色列的土地同样贫瘠稀缺。所谓的"流奶与蜜"的夸张，只要亲眼看看以色列的土地就不攻自破。他们的生存都非常不易。

对希伯来人来说，也许只有这样对神的笃信和虔诚，才可能使得整个族群团结起来从而不至于失去生存下去的勇气。而对古希腊人来说，他们根本就不恐惧这样的贫瘠和险恶。他们就地耕种，勇敢移民，到处通商。他们足够自信。他们也许觉得他们的众神和他们一起奋斗不离不弃。至少我至今没有搞明白：为什么地理环境如此相像的古希腊人和希伯来人选择了如此截然不同的意识形态？

要论虔诚，那古希腊人无法和以色列人比，以色列人匍匐在上帝脚下祈求保佑；要论勇气，那希伯来人无法和古希腊人相比，古希腊人相信众神一直会和他们一起折腾。以色列人老谋深算，齐心合力。古希腊人童心未泯，不畏艰难。

12.6 多神教 vs 一神教

有人甚至把希伯来和希腊相提并论，称之为"两希文明"。希伯来完全没有资格和希腊相提并论。希伯来有什么创造吗？一神教缺乏创造性显而易见，看看一神教地区，和埃及、两河、古希腊、古罗马等都无法相提并论。如果一神教真的这么神奇，那么整个以色列的历史创造了什么？整个中世纪创造了什么？乏善可陈。

欧洲中世纪之后的一神教和耶路撒冷的一神教毫不相干。那是经过希腊和雅典改造过的一神教，是引进了柏拉图和亚里士多德之后的一神教。这样的改造，始于奥古斯丁，此后从未终止。

以色列不可能出现欧几里得，连眺望的资格都没有。以色列也未曾出现过任何一位甚至可以遥远地和古希腊的哲人相比拟的人，可谓望尘莫及，甚至无影无踪。我们未必可以把这个差别都归结于一神教和多神教的不同，但是，质疑和理性的勇气绝对是分水岭。以色列人根本就不具备古希腊人认为天经地义的质疑精神和竞争精神。

多神教的神谱确实太复杂，对智商要求太高。就拿古希腊的神谱来说，没有很高的智商是不可能搞清楚的。而一神教比较适合普罗大众，非常简单，任何人都可以理解，只需照办，无需质疑。圣经故事和古希腊神话相比，实在是简单和低级太多了。没有文化的人自然更容易接受一神教，简单易行，比信多神教容易多了。

一神教因为就一个神，搞起垄断来也容易。多神教是不容易搞垄断的，神与神之间就有争执，因此独裁也难。

看看多神教的波斯和一神教的伊朗。同样的民族，不同的结局。波斯在居鲁士大帝和他的阿契美尼德波斯王朝（Achaemenid Empire，559－330BC）的多神教时期，曾经是一个伟大的帝国，宽容和多元，使得其在很多方面都繁荣昌盛。波斯最大的错误，是去招惹古希腊，最后被亚历山大大帝灭了。当然，我坚定地站在古希腊一边，因为她有着古波斯不可比拟的理性和人文。

我们惋惜波斯，也是有道理的。毕竟和后来的中东和伊朗比起来，波斯就是天国一样的存在。但是，在波斯进入一神教以后，再无辉煌。

一神教有着固有的缺陷——容不得批判和质疑。一个没有言论自由的地方，必定没有思想繁荣。没有了思想繁荣，任何进步都是奢望。

希伯来人的救世主情结，是希腊人所不屑的。对理性和逻辑的热爱，是希伯来人所不敢的。

多神教败给了一神教，这是人类历史上的一次大倒退。看看继辉煌的古希腊和古罗马文明后的中世纪惨淡凋零的样子，就知道我说的是什么了。

12.7 宗教 vs 理性

雅典对耶路撒冷的第二次拯救，是在基督教成为罗马国教之后。奥古斯丁引进了柏拉图，数百年后，阿奎那引进了亚里士多德，这才拯救了基督教。如果没有这些理性精神的引入，基督教充其量就类似今天的伊斯兰教和犹太教。正是由于奥古斯丁和阿奎那的高瞻远瞩，后来的基督教（天主教）才有了理性的进步。雅典和耶路撒冷，截然不同，本来理应不共戴天，但是雅典容纳了耶路撒冷，而耶路撒冷摧毁了雅典，然后雅典拯救了耶路撒冷。如此恩将仇报，是耶路撒冷的作为；如此以德报怨，是雅典的德行。

在基督教的神学院里，理性逐步被接受。虽然宗教的教条仍然禁锢着思想，但是理性的脚步已经势不可挡。

哥白尼和伽利略对日心说的研究和倡导，虽然最后受到了来自教廷的制止和迫害，但是宗教组织内部的逐渐开明也是导致这些学说产生和发展的理由。文艺复兴的发轫也和教廷的鼓励有关，美第奇家族和教廷的关系，对文艺复兴相当重要，这个家族一方面产生了教皇，一方面却赞助了文艺复兴的主要大师们。这些看似矛盾的事件，都和宗教内部已经被理性化是分不开的。文艺复兴前夕的基督教，已经不是公元一世纪的基督教了。

马丁·路德宗教改革的初衷并不是要解放，而是要禁锢。他要回到原教旨主义，他要彻底抹去天主教曾经的那些改革和进步以及失误和缺陷，他要一个完美的原教旨的基督教。诚然，天主教在文艺复兴前夕，已经无法适应社会的发展，确实成为了社会进步的一种羁绊。但是马丁·路德的方向绝不是前进，而是后退。幸运的是，马丁·路德确实砸烂了旧锁链，但是他设计的新枷锁却再也无法如愿以偿。新教并没有如他所愿回归原教旨主义，而是挣脱了天主教的桎梏，成为更加开明的一个派别。这只是一个出发点很坏的好结果。也许马克斯·韦伯的《新教伦理和资本主义》给这一运动的后果作了很好的注解。

因此，我们可以这样理解：宗教真正重要的不是其文本，而是对文本的解释。所有的宗教派别之争，都是解释权之争。这是我在思考宗教历史和现状后得出的结论。这也是为什么我并不喜欢源头的基督教，但是却欣赏后来的基督教。

马丁·路德要把宗教从教会解放出来，让信徒直接聆听上帝。我不知道他到底有多诚恳，但是这结局无非是把解释权从天主教教会手里夺过来，赋予另一个组织。

没有经过雅典改造的耶路撒冷会是什么样子？看看今天的伊斯兰教和犹太教就知道了。犹太教比较神秘，只对犹太人开放，是一个封闭的宗教。而伊斯兰教是对所有人开放的，但是即便如此，伊斯兰教的现状也令人担忧。伊斯兰教曾经有过一段开明的时期，那是相对于欧洲更加禁锢的中世纪而言。

今天的基督教，并不是当初杀害亚历山大城的女数学家希帕提娅的那个基督教，而是经过了奥古斯丁和阿奎那引进的柏拉图和亚里士多德改造后，又经过文艺复兴洗礼的基督教。我基本可以认同今天的基督教所体现的价值。这也说明了宗教是可以被改造的，是可以进步的。我们可以置宗教文本于不顾，而重新解释之。这就是奥古斯丁和阿奎那曾经做过的事情，也是后来的教廷和教会一直在做的事情，这就是宗教的演进。我们不需要革命，只需要这样的渐进。

就如同我们自己，可以从野蛮的人类演进为文明的人类，宗教也可以从野蛮的当初演进为文明的近代。我们人类的演进，并不需要重新编辑我们的基因；人类宗教的演进，也不需要重新书写宗教的教义。人类的文明靠的是逐渐解放我们的思想和规范我们的行为，宗教的进化靠的是重新解释宗教的文本和改善宗教的价值。

开普勒和牛顿的上帝，绝非摩西和所罗门的上帝。尼采号称"上帝已死"，这毫不过分。希伯来编造的上帝早就死了，但是经过重新解释的上帝还继续存在，一如奥林匹斯山上的古希腊众神。

神的存在与否，并非文明和野蛮的分水岭，但是如何对待神的存在，却决定了到底是文明还是野蛮。古希腊人对待神的态度，决定了他们才是文明的创造者。他们不卑不亢，他们理性幽默，他们质疑批判，正是这样的态度，人类文明才能够走入近代和现代。

这是1927年的索尔维会议（The 1927 Solvay Conference）的伟大科学家们的合影（图229）。正是他们，给予了开尔文勋爵（Lord Kelvin）1900年提出的充满乐观且带有不祥预兆的致辞和挑战以基本完整的回答。开尔文在1900年乐观地声称：

物理学的天空一片晴朗，但并不完美，因为地平线上出现了两朵乌云。

所谓"一片晴朗"，即以牛顿为代表的物理学已经可以解释

图229 索尔维会议1927年（The 1927 Solvay Conference），布鲁塞尔（Brussels），Courtesy of Solvay Institutes。普朗克（前左2）、居里夫人（前左3）、洛伦兹（前左4）、爱因斯坦（前左5）、狄拉克（中左5）、波尔（中右1）、薛定谔（后左6）、泡利（后右4）、海森堡（后右3） （Wikipedia/public domain）

几乎所有的自然现象；所谓"两朵乌云"，亦即迈克尔逊－莫雷（Michelson－Morley）实验结果对以太的否定和瑞利－金斯（Rayleigh－Jeans）实验结果的黑体辐射"紫外灾难"。

最终，这"两朵乌云"，在曾经晴朗的天空，酿成了完美风暴。暴风雨过后，"乌云"变成了两个硕果和人类认知的里程碑：相对论和量子力学。

曾经的信念被无情击倒，过往的荒谬被赫然纠正。

坚定的信念和不懈的批判，它们到底是不共戴天，还是相辅相成？也许正是它们彼此的对峙，才是人类认知的真实历史。

也许那些伟大的科学家的态度可以给我们一些启迪。对宗教的态度，我们可以像普朗克（Planck）那样坚定不移，可以像狄拉克（Dirac）那样嗤之以鼻，也可以像波尔（Bohr）那样爱和稀泥，也可以像海森堡（Heisenberg）那样不偏不倚。但是他们都有一个共同点，那就是他们不允许任何神或以神的名义阻止他们对未知的探索和质疑。

在海森堡的这篇短文里[1]，他记述了包括（但不限于）以上几位大名鼎鼎的科学家们对信仰的态度和轶事，也阐述了自己对信仰和科学的看法。海森堡表达了典型的雅典（古希腊）式的对神的态度，平视尊重、不卑不亢：在科学真理的追求上，我们不指望你；在社会人文的价值上，我们需要你。请让我们与你同行。

12.8 尾声

耶路撒冷和"流奶与蜜"之地，每年都有从世界各地涌入的大量的来访者，其中很大一部分是亚伯拉罕宗教（基督教、伊斯兰教和

---

[1] Werner Heisenberg, "Science and Religion," https://www.edge.org/conversation/werner_heisenberg-science-and-religion

犹太教）的朝拜者和溯源者。我和他们不同，他们是来寻找信仰的源头，而我除了希望理解这些宗教的起源，更多的是来找古希腊和古罗马的痕迹。

坦率地说，佩特拉给我的震撼远多于耶路撒冷，古希腊古罗马的古迹给我的印象远超过"应许之地"。但是，我仍然在这里留给耶路撒冷足够的笔墨。

尽管我对耶路撒冷并无很高的评价，但是我对近代和现代的基督教评价很高。这并不矛盾，利玛窦和南怀仁[1]带来的上帝绝不是摩西和所罗门相信的上帝，牛顿和海森堡的上帝也不是《圣经》里描写的上帝。

我有不少基督教朋友，他们属于我见过的最好的人。有一位加拿大女生，来自中部的草原省份，我一到加拿大就被她邀请去教会。她属于新教，非常好的人。我参加过几次教会的活动，仔细阅读了《圣经》，然后我决定不加入教会。其中理由一言难尽，最重要的是我对古希腊文明的崇敬。她和她的教会一定很失望，但是我们一直保持联系，多年后我还到她当教授的德国去看望她一家。这些基督教徒以他们的言行举止展示了他们的高尚，因此影响到周围的人。你可以不同意他们的具体信仰，但是你无法否认他们的高尚。如果我必须要有一个宗教，那么一定是基督教。

能够坚持读到这里的读者，一定是爱思考的。但是，也许至此突然如梦初醒："那谁谁谁，你不是说写的是'游记'吗？这还像个游记吗？你把我们带进沟里了！"

你说得不错，但是听我说，我本来可以把你带到更深的沟里的。不过所有的沟，都是我先去过，确保安全才带你去的。碰到我这样的导游，算你走运。你要警惕的是那些"站在高坡上，挥手指方向"的人，他们让你干他们自己不干的事情，比如让你去解放全人类。最后你发现，需要解放的是自己。

---

[1] 南怀仁神父（Ferdinand Verbiest，1623-1688），尼德兰弗拉芒（今比利时）人，天主教耶稣会修士、神父，清康熙朝来华传教士。逝世于北京，与利玛窦、汤若望埋在同一个墓园，现在位于阜成门外的滕公栅栏马尾沟教堂。

回到巴黎后，柳L说要去拉雪兹公墓（Cemetery Pere Lachaise）看看。那里我去过多次，是个非常值得去的地方。不少长眠在那里的，有好人有坏人，也有不好不坏的人；有政治家、科学家、艺术家，也有平民百姓；有出类拔萃的，也有平庸无名的；有对历史举足轻重的，也有对历史无足轻重的。那些出类拔萃和举足轻重的人和他们的事迹，构成了近代法国、欧洲，甚至世界的重要篇章。他们有的推进了文明，有的助长了野蛮。他们生前有的不共戴天，但是死后却共享墓地。比如那里有巴黎公社的死难者，也有镇压巴黎公社的执行者。

而我要去安排一下公司的事务，已经多日不务正业，需要尽快处理事情，免得日后积重难返。

等我送柳L飞往温哥华后，我要去卢浮宫看看我两千年前的"女朋友"，还不止一个（图191、图214）。

她们所代表的那个文明，是西方文明的真正源头，是人类现代文明的真正源头。

如果你热爱自由和理性，你会对她们——

一见钟情，一面如故，终生难忘，矢志不渝。

后记和致谢

如序所言,这些文字,最初是为了那未能成行的六位同学写的。本来已经计划好的行程,却由于突如其来的Covid–19疫情,而导致他们未能成行。本想以这些文字,对他们在现实中无法体验的旅行在虚拟时空中给予部分补偿。

"以色列约旦行"是我们一系列旅行计划的第二部分,当然后面还有第三部分和第N部分。第一部分已经在2019年6月完成了,当时我们去了东欧和中欧的几个国家,那是一次非常赏心悦目的旅行。我们全体在克罗地亚古罗马普拉竞技场遗址的合影(图230)可见一斑。我们的旅行力求遵照这样的宗旨——"历史、人文、自然"。

图230 "中欧东欧行"期间合影,2019年5月30日摄于克罗地亚普拉古罗马竞技场。左起围绕巨石逆时针:郭QW、孙FL、毛JY、柳L、任ZH、夏DF、李MQ、作者

当我一章一章地写出来，分期发表在《时代学园》的公号上后，也吸引来了许多其他人的欣赏。这使得我觉得有出版的价值，以便让更多的人和我们一起回访那个遥远的空间和那段久远的时间。我希望让更多的人阅读我的旅行描述和思想点评。那描述是直截了当的，那点评是广角长焦的，或许也是"项庄舞剑"的。

感谢同学们的协助和鼓励！

感谢林锦女士在《时代学园》上分期发表时的每期精心制作！

感谢林倍加女士在校对中的努力工作！

感谢《时代学园》公号的热心读者！

2023年末

作者/Author：林炎平/Yanping Lin
书名/Title：以色列-约旦行：在《圣经》故乡探寻古希腊罗马
/A Journey to Israel and Jordan: In Searh of Ancient Greece and
Rome in the Holy Land
Copyright © 2023 by 林炎平/Yanping Lin

2024 1 Plus Books®壹嘉出版®
Paperback Edition
Published and Printed in the United States of America

ISBN: 978-1-949736-83-0

All photographs in this book are the work of the author, Yanping Lin, except for the following:
1, Photographs labeled as from wikimedia and can be copied and shared in accordance with the relevant copyright agreements;
2. Photographs labeled as being from the public domain;
3, Except for cases like 1 and 2, all maps are from Google Maps;
4, Authorized by other copyright owners, includes:
   4.1 The Route of the Exodus by Tyndale House Publishers
   4.2 Petra Water System by Sue and David
      (https://traveltalesoflife.com/petra-water-system/)
   4.3 壶穴和雕岩谷的产生机制 by 嵇少丞　(Ji Shaocheng)

All rights reserved, including the right to reproduce this book or portion thereof in any form whatsoever.

出版人：刘雁
封面設計：王烨
定价：US$32.99
San Francisco, USA , 2024
https://1plusbooks.com
email: 1plus@1plusbooks.com

www.ingramcontent.com/pod-product-compliance
Lightning Source LLC
Chambersburg PA
CBHW061753070526
44586CB00023B/2606